野辺に朽ちたのは何だったか

──長州藩・明治国家暴走の跡を追う

牧 俊太郎
Maki Shuntaro

風詠社

目次

序章　毛利・徳川の決戦とその怨念

「謀略多きは勝ち……」

長州の基を築いた毛利元就は、小さな領主であったが一代で中国地方の十国を制した人物であった。しかし、天下分け目の関ヶ原の合戦では、その長男が西軍の総大将をつとめ敗北した。

これには裏がある。小早川家を嗣いでいた三男隆景が戦闘開始前に家康に詫びを入れ、毛利家存続を条件とする「敗北」を伝えていたのである。家康はこれを認め、毛利の領地を長門・防府の二国に切り縮め、「長州藩」とした。詫びを入れた隆景には別に岩国を与えている。論功行賞である。関ヶ原合戦史には、この隆景の養子として豊臣家から送り込まれた秀秋とともに小早川の「裏切り」「寝返り」として刻印されている。

元就と生死をともにしてきた地元では、この小早川の裏切りに不満が噴出、毛利と袂を分かつものも続出したと伝えられている。また、毛利は「たぬき親父」家康の「知謀」に乗せられたという説もあるが、元就自身も「策謀」「談合」を巡らせてのしあがってきた策略家。

戦歴を見ればわかる。彼の遺訓には「謀多きは勝ち、少なきは負ける」とある。

「三本の矢」は何で結束したか　よく知られているように、元就は隠居の直前に長男・次男・三男を集め、遺訓を伝えた。有名な「三本の矢」である。三人は、戦闘では「矢」を折り、遺訓を果たさなかったが、「策謀」で元就の「教え」を守り結束したのだ。策謀・暗躍は明治政府要人のなかで長州閥としては最も長く生き、終生軍事と警察分野をになった山県有朋に引き継がれている（拙著『松本清張「明治」の発掘　その推理と史眼』）。

徳川幕政のもとでの毛利の基本戦略　以上の布陣のもとで、徳川幕政下で「長州」の約二六〇年の歴史は始まった。そして薩長中心で政権を獲得、確立する。

詳しくは本文を読んでいただくとして、長州のそのエネルギーの源は何だったのか。それは、元就が築き上げた大半を奪い、防長わずか二国に押し込んだ徳川に対する怨念。これが大方の見方である。

そして私は、藩政の基本戦略は、武力の増強と松陰に象徴される、幼少からの兵学のエリート特訓、育成だと見る。「やられたら何代もかけてやり返す」——言うなれば「戦国の思想」。それが基本戦略の核であり、柱として貫かれている。

幕末・明治初期に目立つ軍事行動の突出　徳川の外交では、海外での戦争も国内の戦争もなかった。朝鮮通信使受け入れの友好外交を推進し、キリシタン禁圧政策に基づく島原の乱鎮圧戦争以外内戦はなかった。

一方、長州藩は、幕末から明治初期にかけて対外、国内の軍事行動が他藩に比べ突出している。対外的には、列強四カ国連合艦船への挑発を突破口とした馬関戦争（一八六三。同年騎兵隊結成）。国内では、禁門の変（一八六四）があった。対外挑発は武力攘夷そのものであり、禁門の変は、開国政策をとる幕府への政策転換を迫る軍事行動である。しかし天皇は翌六五年開国条約を勅許。これで長州は名実とも「朝敵」となった。

毛利・長州――戦国の百五十年、明治の百五十年　すでに書いたように、毛利一族は元就一代で、中国地方全域を支配下におく大大名にのしあがったが、関ヶ原の合戦で敗北し、わずか二国を治める小藩に転落。以後藩主十三代にわたって雌伏の時を過ごした。

策謀に長けた毛利・長州は、表向き領地不拡大を公言しつつ「いつの日にかは」と怨念を募らせ、徳川攻略の手を打っていた。そして、幕府の衰退をうかがい、明治国家の主軸に躍り出た。戦国百五十年――毛利一族の「あっぱれ」である。栄枯盛衰の世の流れを映している。

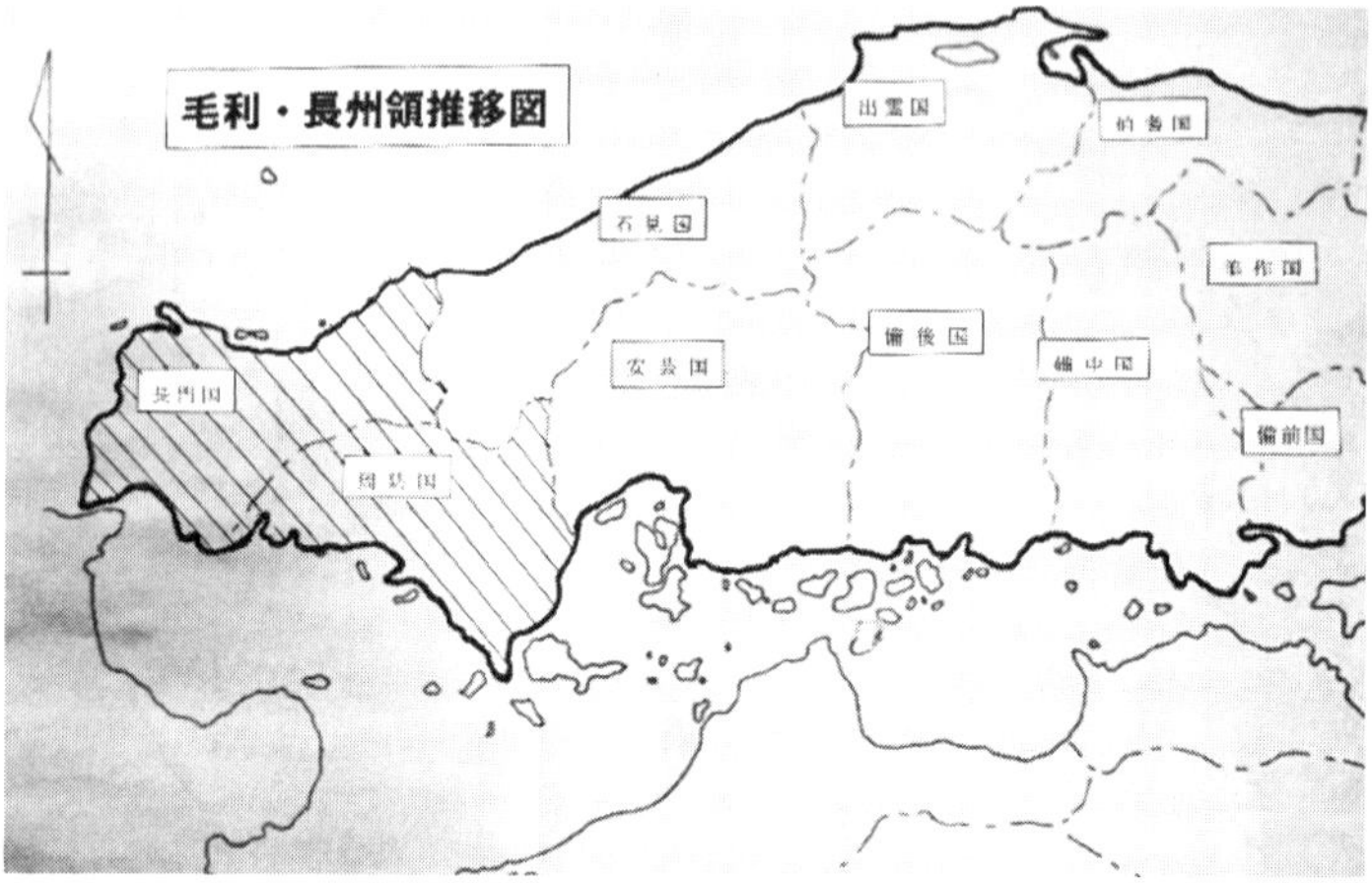

関ヶ原合戦前後の毛利・長州領地比較図

斜線部分が合戦後の長州領

そして、司馬遼太郎氏が『坂の上の雲』の冒頭に「まことに小さな国」と書いた、薩長を軸とする明治国家は、欧米列強を見習いつつアジアの隣邦を攻略、これをめぐって列強と戦火を交えることとなり、一九四五年敗北した。七十七年間の「帝国の栄光」「栄光の明治」の破綻、消滅であった。

その後、米国を主軸とする七年間の「占領期」を経て、一九五一年、「講和条約」締結と同時に、占領軍の総司令を務めていた米国と日米安保条約を結んだ。以後現在に至るも、治外法権とも言える多くの米軍基地を有する、対米従属の状態はやがて八十年になる今もそのままである。四隻の艦船を携えて「開国」を迫ったペリー来航（一八五八年）から約百七十年——。

「対等平等」を掲げて安保条約の改定交渉に当たった岸信介元首相は一九六八年を「明治百年祭」として祝った。

そのうたい文句は、「昭和は暗いが明治は明かるかった」――。「暗い昭和」と言いながら、それをいっしょくたにして「百年」でくるところに苦しさがある。

岸元首相から数えて三十九代目の首相となった安倍晋三氏は、この外祖父に倣って二〇一八年を「明治百五十年」として祝った。その三年前に狙いと布陣は敷かれていた。二〇一五年夏、墓参のため帰郷した山口で安倍氏はこう語っている。

――明治維新から五十年にあたる一九一七年、当時の首相は寺内正毅、百年の一九六八年の首相は佐藤栄作と紹介、（自分が）頑張って二〇一八年まで行けば「山口出身の安倍晋三となる」（朝日新聞二〇一六年十月八日付から）。

これまで私は、取材で萩市を何度か訪ねていた。そこにある松陰神社の歴史館には「山口県出身宰相」として、伊藤博文から佐藤まで七人の等身大蝋人形が飾られている（写真・第一章参照）。安倍氏は次は佐藤の横に自分が……と、意識していたかも知れない。

氏の頭は、今なお「長州」から出ていない。

明治国家を映す出発時の鏡——廃仏毀釈の傷跡

神仏分離令とそれによる廃仏毀釈は、近代日本の出発点で起こった。何世紀もの長きにわたって持続してきた神仏習合という日本の宗教的慣わしを一片の通達で無きものにし、人びとの信仰施設・仏像・仏典などを打ち壊した異様な大事件であった。無政府的なイスラム過激派の蛮行を想起させる。

私は、信仰の有無を越えて、この事件を人間の内心の自由に関わるものとの思いから、無謀で野蛮なその傷跡を何カ所か、訪ねてみた。そしてこの所行は近代社会のあるべき姿を否定しかねないものを内包していると感じた。

事件を首謀・主導した者は、神主・学者・元武士らの神道過激派などであった。彼らは、薩長はじめ明治政権の中核を担った勢力の有力な政治基盤を形成していた。

詳細は本文に譲るが、信仰だけの問題ではない。表現、集会、結社、報道など国民の内心の自由を近代社会出発の時点から乱暴に踏みにじったのだ。先進国と自称しながら、これら近代国家の国民の民主的権利、基本的人権に関わる遅れやひずみが政府機関を含む国際社会から指摘されるという恥ずかしい事態がいまだに続いている。そこを見つめるなら、近代国家らしい今後の日本のあり方も映し出されるに違いない。

では、近現代日本の出発を探索する旅をはじめよう。

第一章 「未成の人」吉田松陰の悲劇と長州閥

松陰は明治維新の「先達」と言えるか 明治国家、とりわけその中枢をになった長州藩の歴史を語る場合、吉田松陰に触れておく必要がある。松陰の「門弟」である明治の元勲たちは彼を「師」と仰ぎ、神社を建立、神に祭りあげて自らの権威のうしろ盾とした。長州では、彼を明治維新の「先達」とあがめている(松陰神社発行『維新の先達吉田松陰』など)。果たしてそうだろうか。

松陰は、半士半農の無給通いさむらい、杉百合之助の次男として一八三〇(天保元)年に生まれた(幼名大次郎、寅次郎など)。叔父吉田大助賢良(父の一番目の弟)は山鹿流兵学師範。松陰は大助死去により満五歳で吉田家を嗣いだ。

兵学のエリートとして英才教育 幼少のため、叔父玉木文之進(同二番目の弟)が後見人となり、松陰を兵学のエリートとして特訓し育てた。そのかいあって、松陰は一八三九年、十歳で萩藩校・明倫館で兵学を教授するまでに成長した。文之進は、三年後正式に後見役に就任。松陰は十五歳で、藩主に山鹿流教科書『武教全書』と『孫子』を講義している。

さらに、長沼流兵学の免許を受けたり、西洋陣法、萩野流砲術など兵学の知識と武術の枠を広げていき、一八四八年、十九歳で、明倫館の教授となる。山鹿流兵学だけでなく、藩校の指導者としても、認められたのである。

彼が、はじめて萩から全国へ遊学するのは一八五〇年八月、二十一歳のときである。九州を皮切りに江戸はじめ東国方面へ遊学する。この旅を通じて松陰は家学の創始者山鹿素水や、兵学、漢学、洋学など幅広く究めていた佐久間象山ら、各界要人に出会い、西洋事情、西洋兵学など新しい学問・時事を吸収、視野を広げていった。

初の遊学が「出奔」となる

この遊学は、松陰にとって学問的にも世界観的にも新しい境地を獲得する人生のエポックとなった。同時に、良いにつけ悪いにつけ、その短い人生を決定づける転機になったと私は思う。江戸時代には「出奔」は「逃げ出す」「姿をくらます」という意味で使われたが、彼の場合はそれではない。後に述べるように、当時の武士の掟を破り「罪人」として旅から帰った。そして遂に国家から処刑される――藩のエリートとして送りだされながらのこの落差。それをさして私は使っている。

松陰没後五十年にあたり、杉浦重剛は、松陰評伝『吉田寅次郎』（世木鹿吉との共著）を書いている。そのなかで彼は、松陰を「未成の人」と述べている。杉浦は一八五五年生まれで、松陰より二十五歳若いが、国粋主義的教育者思想家としてならした人物である。彼は、松陰の後塵を拝して生きたが、同評伝は、四十四歳の時のものである。松陰より十四年長く人生経験を重ねてきた大人の目で見た松陰評である。

私は松陰三十年の生きざま、事跡を以下四点に絞って追い、冒頭に呈した疑問の答えとしたい。

（1）兵学とは何か

兵学の始まりと江戸兵学　松陰が幼少期から青年期までの半生をかけて特訓され身につけた兵学とはいかなるものであったか、まず見ておこう。ふつう、武将を主人公とする合戦物語や映画では、武田流とか上杉流の陣法、戦い方が出てくる。戦国時代はそのように、武将を頭とする一族が固有の陣法や戦法、すなわち兵学を持っていた。

我が日本では、大まかに言って戦国時代の戦闘は大坂夏の陣で終わり、徳川幕府の時代、すなわち江戸時代に入っていき、戦闘のない〝平和の時代〟を迎える。こうして戦争学は、〝学問〟という専門家の仕事になる。もちろん、武田や上杉ら戦国武将の流れをくむ流派もある。しかし自ら戦場で戦い、指揮を執った経験者は時代の推移とともに減り、絶え、兵学は非経験者によってになわれるようになってきた。これが江戸兵学であり、松陰が学んだ山鹿もその一流派であった（野口武彦『江戸の兵学思想』による）。

儒学と中国兵法の結合　兵学者の多くは儒学者であり、幕定学問とされた朱子学を中心とした儒学を修めていた。孔子や孟子を学び、兵学としては孫子の兵法が重要視されていた。西洋では、ナポレオン時代にクラウゼビッツの戦争論が大きな力を持ち始めていたが、日本に本格的に入ってくるのは明治以後のことである。したがって松陰をふくむ江戸兵学者はもっぱら儒学と結合させて孫子の兵法を身につけ、それぞれの解釈で各流派の教科書を編纂していた。

松陰は、藩の許可を受け遊学を開始する直前の五月に前述のように、藩主に『中庸』と『武教全書』を講義したとされている。後者は、山鹿流の創始者が孫子などを取り入れ流派の教科書として編纂したものであり、前者は言うまでもなく儒学の「四書」のひとつである。

兵学者松陰が幼少の頃から積み上げ、身につけていた学問とはこのようなものであった。

（2）松陰の兵学特訓の軌跡と失望

時代遅れ——松陰の認識の発展と自覚　松陰は、藩主を前にして、中国古書や兵法を講義する力量を身につけていたが、全国各地への遊学を通じて各界人士と交流、西洋事情はもちろん、西洋兵学など新しい情勢、学問を吸収、自らの眼で黒船の威容も見た。

帝国主義の時代とはいえ、おし寄せる欧米諸国の先進的な学問に触れた松陰は、自らの学問や知識の不足、不十分さを思い知らされたであろう。時代遅れさえ感じたに違いない。彼は旅の途中で、兄梅太郎に概要次のような手紙を送っている。

——これまで学問したといいながら何一つ満足なものはありません。僅かに字を識っているというくらいのものでありましょう。それを思うと胸の中が湧き返るようであります。まず歴史についても何も知りません。そこで大家が述べていることを見ると、「本史」を読まなければ駄目だとのこと、『通鑑』や『綱目』くらい読んで満足していたのでは立派な学者にはなれないともいっています。本史を読めというが、あの中国の「二十一史」を悉く読むとすれば、その量にも圧倒されるばかりです。しかし、いま『史記』からボツボツ読み始めました。

〈中略〉

――私も兵学の勉強はおおまかなところで差し置いて、全力を経学に注いだならば、或は人に遅れをとらない自信もありますが、しかし兵学はなかなかの大きな仕事で、経学以上のものと思われますし、また代々受けついできた学問でありますから、これを振い起すことなしで、他に移るということは、なんとも残念至極であります。これを思うにつけても胸の中が千々に乱れてどうすることもできないほどであります（奈良本辰也『吉田松陰著作選・書簡編』から）。

彼が遊学で見聞し学んだことと、これまで自ら身につけてきたものの落差を知って、その胸中が「千々に乱れ」たのは当然であろう。萩・兵学という狭い地域・学問世界に生きてきた〝カエル〟にとって、カルチャーショックであったのだ。

（3）「直情径行」の暴走と晩年

藩許無き旅「亡命」の罪　松陰は新しい見聞によって視野を広げ、思考を深めると同時に前述のような不安と焦りにさいなまれていた。兄への手紙は、〝敵を知り己を知った〟松陰の心中を素直に語ったものであろう。松陰の「謙虚」さの一面を示している。それでも彼の好奇心はふくらみ、行動力は旺盛であった。

彼は江戸から東北への旅を藩に申請する。一八五一年十二月、その認可さえ待ちきれず、藩許のないままの旅だった。藩を越えた無認可の旅は、封建時代にあっては「亡命」と認定される。帰藩を命ぜられ、翌年四月江戸に帰るが、その年十二月、「亡命」のとがめが発せられ士籍・世禄を剥奪された。

ペリー船乗り込み失敗「密航」の罪　一八五三年一月、士籍を奪われた松陰は、逆に〝自由の身〟となり、藩の許可を得て諸国遊学の旅に出る。六月、ペリー来航を知った松陰は、浦賀に飛んでいる。幕府は一年後再来航時に条約手交を約束した。

松陰と前出佐久間象山との交流はこの頃に始まり、松陰は象山から洋学を学んだ。そして運命の年、五四年、安政元年を迎える。松陰は三月浦賀に再来したペリー船に乗り込み、海外渡航を企てるが見つかり、自首する。四月、幕府は「密航」の罪で彼を江戸伝馬町の獄舎につないだ。十月萩の野山獄送りとなる。このとき象山も松陰を扇動したとして松代藩に幽閉された。松陰二十五歳、象山四十三歳であった。

象山は、松代の藩士で漢学、洋学に通じ博識と評価される一方で「自信家・ほら吹き」との評もある（勝海舟など）。新知識・新体験に酔いしれる若き松陰が熟年の象山に扇動されたという構図が浮かびあがる。

このように辿ってくると、藩校など現実社会で果たしている松陰の位置、役割、周囲の期待と、この評価とは乖離する。「直情径行」的な性向が自ずと見える。杉浦重剛がいう「未成の人」である。

処刑にいたる思想と行動——松陰の最晩年　松陰は野山獄に繋がれながらも外部の人士と接触し、松下村塾で講義する自由を持っていた。しかしその直情的な言動ゆえに再び江戸送りとなり、五八年、安政六年十月二十七日（陽暦十一月二十一日）処刑された。享年三十歳であった。

処刑理由は、

①幕府の条約締結批判（村塾での講義内容など）

②間部老中暗殺計画（門下生十七人連名の血盟書作成）

である。

彼の暴走とその主張には、かつての同志や門弟たちからも批判の声があがってきた。彼は同調しないものを排除し、そして孤立していった。

松陰はもともと、倒幕論者ではなかったが、幕府の条約調印を境に、列強への対応を軟弱と批判。そして幕府だけでなく、朝廷に対しても不信を抱き、失望していった。彼が、自ら依拠すべきものとして選んだのは、野に隠れた「英雄豪傑」たち、すなわち「草莽の士」であった。

それを支える精神的支柱は何か

松陰は「幽囚」中、漢学、洋学、軍事学、歴史、自らの師や先輩たちの書物を含め読書に没頭し、進むべき道を模索した。そして彼は兵学者らしく、国家と自らが直面している「敵」＝西洋列強に対し、武力対峙も辞さず、たたかうための精神的支柱を追い求めた。詳細は省くが、彼がやっとたどり着いたのは、日本書紀の「神代の巻」であった。彼は自らの先輩儒者を想定して言う。「それを論ずるのもよろしくないが、疑うのは更によろしくない。皇国の道は悉く神代にもとづいているのだ。この神代の巻は日本人である以上はすべて信奉しなければならないのである。」（奈良本・前掲書から）

周囲から孤立し、獄中にあって死に向き合っている松陰の精神状況は狂気や妖気すら感じさせる。そういうなかで彼が選びとった精神的支柱は古代天皇制をさかのぼって「神代」。その意味で非合理的、神秘的でさえある。彼はそれを論じたり疑うことを否定し、日本人にひたすら無条件にそれを「信奉」することをもとめたのであった。

こうした心情と論理は、少し後の幕末維新期の神道の過激一派や、昭和期の軍部の「皇道派」、右翼テロリストと共通のものとして繋がっていないだろうか。

(4)「攘夷」、武力対峙は「維新」前に破綻

武力対峙も辞さず、徹底した尊皇攘夷論を主張し行動を展開してきた松陰は、明治維新の成就を見ないまま刑死した。松陰の刑死後、天皇の攘夷祈願、幕府の攘夷決行決定など、攘夷運動が大きく高まるが、薩英戦争、列強四軍と長州の馬関戦争——この二回の攘夷戦争に敗北した。これが決定的となり、天皇は攘夷を断念、列強連合軍の軍事圧力のもと条約を勅許、すなわち「開国」に応じざるをえなくなった。松陰が辞世の歌「身はたとひ武蔵の野辺に朽ちぬとも留め置かまし大和魂」を残して露と消えてまだ七年しかたってない時期のことであった。

彼が「大和魂」に込めた「攘夷」の願望は、古代にまで遡って敬愛の情を示した天皇も〝見捨て〟た――客観的にはそう言えよう。攘夷の破綻である。

（5）門弟たちは何を引き継いだか
――禁門の変「朝敵」から天皇「親政」政権へ

先述のように、安政の大獄で獄中にあった松陰は、間部老中暗殺への血盟を呼びかけた。それに不同意を示した門弟高杉晋作、久坂玄瑞は、馬関戦争の先頭に立ち、京都所司代一掃をめざし武力闘争に立ち上がった。しかし高杉は病に倒れ、久坂は自殺している（禁門の変）。

維新を体験した松陰の門弟の多くは、その後、明治政府の中枢または官僚の一員になっている。それを紹介することは本稿の目的ではない。ここでは、松陰が最晩年に主張し強調した言説に関わりの深い桂小五郎こと木戸孝允、伊藤博文、山県有朋について触れておこう。三人は松陰死後、いずれも、萩藩の要職につき、維新後は政権の要路者となっていった。

「朝敵」から一転「親政」の要職へ　禁門の変参加のかどで、彼らは「朝敵」として追われる身となった。とくに木戸は、長州に与する攘夷派の七公家とともに萩へ逃げ身を隠していたが、薩摩と通じ、開国派の一橋慶喜、会津、桑名（一会桑連合のクーデター）に対する巻き返しを画策。岩倉具視・三条実美ら公家と組み、慶喜追討の偽勅、天皇専一の体制＝王政復古のクーデター、前記長州と攘夷派公家の朝敵解除、復権などの準備を着々と進めていた。木戸は、薩摩の大久保・西郷とともに〝維新の三傑〟と呼ばれ、新政権の要職に登り詰めていく。

伊藤と山県は、西南戦争前後に、三傑がそれぞれ没したあと藩閥政権の中枢をになう。伊藤は初代内閣総理大臣となり、山県は、西郷の後を継いで軍の中軸を握る。

伊藤は、政権全体の責任を担いつつ、自由民権運動の高揚で逃げられなくなった憲法の起草に携わった。一方、軍を掌握した山県は、最後の内戦、西南戦争後、軍人勅諭の起草など「天皇の軍隊」づくり、大陸攻略政策に尽力する。

最晩年の松陰の姿勢と未来構想　先に、獄中最晩年の松陰が、友や先輩儒者、幕府はおろか朝廷をも信頼出来ず、「草莽の士」のみに依拠することを決意。その精神的支柱を日本書紀の「神代の巻」においたことを見た。そこでは紹介しなかったが、同じ獄中で彼は『幽囚録』を書き、今後日本国が進むべき方向を明らかにしている。その中で彼は下記のようなことを書いている。

『幽囚録』を読む　長くなるが、松陰の未来構想を知るうえで重要なので読んでおこう。

――太陽は昇っていなければ傾き、月は満ちていなければ欠ける。国は盛んでいなければ衰える。だから立派に国を建てていく者は、現在の領土を保持していくばかりでなく、不足と思われるものは補っていかなければならない。

今急いで軍備をなし、そして軍艦や大砲がほぼ備われば、北海道を開墾し、諸藩主に土地を与えて統治させ、隙に乗じてカムチヤッカ、オホーツクを奪い、琉球にもよく言い聞かせて日本の諸藩主と同じように幕府に参観させるべきである。また朝鮮を攻め、古い昔のように日本に従わせ、北は満州から南は台湾・ルソンの諸島まで一手に収め、次第次第に進取の勢を示すべきである。その後に人民を愛し、兵士を育て、辺境の守備をおこたらなければ、立派に国は建っていくといえる。そうでなくて、諸外国の争奪戦の真中に坐り込んで、足や手を動かさずにいるならば、必ず国は亡びてしまうだろう（奈良本・前掲書から）。

これが軍学者、松陰が描いた日本の未来図である。

日清・日露戦争以来、日本軍が戦場とし、領土を拡張していった国・地域等と、ここで松陰が書いている国名、地名等を重ね合わせると、おおむね符合することが分かるのである。

山県が描いた大陸攻略図　松陰の門弟で、一貫して軍事分野の要職にあった山県が、松陰の、この書をどこまで読み、参照したかは分からない。山県が、在任期間中にまとめ、論じ、政策化したアジアを中心とする攻略・戦略・攻略は主なものに三つある。

①参謀本部の設置と方針
②隣邦兵備略
③外交政略論

この三つは、明治維新後、山県が軍を統括後にまとめたものである。これと松陰の『幽囚録』記述、さらに昭和の戦争の軌跡の符合を詳しく検証する余裕はない。しかし、約八十年間に織りなした侵略と戦争の図面を眺めれば、点が線となり線が面となってつながっていることが俯瞰出来よう。

「未成の人」から「神」へ――作られる松陰像　明治政権は創建以来、つねに順風満帆だったわけではない、政権内部での藩閥抗争、旧勢力の抵抗、自由民権運動など反政府運動などによって何度も危機にさらされてきた。天皇の権威を後ろ盾にすることがその最大の危機回避策であった。長州閥としては、明治維新の「先達」として松陰をあがめ祭りあげることであった。松陰が、投獄されたときも、処刑されたときも、幕府には他の被疑者に比べ松陰は〝大物〟という認識はなかった。萩ではその名が知られていたが、全国的には攘夷派の中でもそう知られた存在ではなかった。政権内部に占める門下生の量的増大、彼らの地位の上昇とともに松陰像も作られ肥大化していった（田中彰『吉田松陰―変転する人物像』）。

山口出身宰相７人の蝋人形（部分）

松陰神社歴史館に山口出身宰相伊藤博文・山県有朋・桂太郎・田中義一・寺内正毅ら官撰宰相５人に、戦後の民選、岸信介・佐藤栄作兄弟を加えた７人の蝋人形が展示されている。

松陰神社は、もともと杉家の私祠として出発、伊藤博文ら門弟が一九〇七（明治四十）年に県社とすべく運動して建立。県社にふさわしいものにと社殿の改築に取りかかるが、太平洋戦争勃発による中断を挟み、現在のようになったのは、戦後一九五五（昭和三十）年のことである。以上の「変転」自体が「作られてきた」松陰像の軌跡を示す。

韓国併合に寄与してきた長州人脈　県社への格上げ運動が行われた明治四十年、伊藤は日露戦争後設置された、韓国併合への一里塚というべき統監府の初代統監の地位にあった。伊藤が韓国併合に抗議する韓国の独立運動指導者・安重根に暗殺された直後、統監府は、総督府に格上げされ、同じく松陰の門下生寺内正毅がその統監の席を嗣いだ。寺内は、韓国併合の祝宴で、

「小早川加藤小西が世にあらば今宵の月をいかに見るらむ」

と歌い、併合後は韓国統監、朝鮮総督の座にすわった。また、併合の「功」により爵位と併合記念の勲章を受けている。言うまでもないが、この歌は、秀吉の朝鮮侵略における二回の失敗に託している。ちなみに歌に出てくる「小早川」は、序章で述べた毛利の〝裏切り〟につながる一族である。

そして、それはその後三十五年間の日本外交の進路と近現代日本百数十年の軌跡を決定づけることとなった。私はそう考えている。そのことに対する反省は「自虐」ではない。それどころか、過去の過ちをきっぱり謝罪する道徳的「自尊」「自負」であり、今後の日本外交の決意と誇りの表明ではないだろうか。

第二章　幕府最後の九十年
——開国圧力と幕政の転変

家康が幕府を建てたのは、天皇から征夷大将軍に任命された一六〇三年である。異国の中で初来航とされるロシア船が松前藩の戸をたたいたのは、それから一七五年後、家康没後一六二年後である。時の将軍は第十代家治であった。

この当時、すでに武士の家計は逼迫、幕府が、この年に盲人・牢人とともに、武士への高利貸しを禁ずる触れを出していることからも察せられる。江戸時代には「三大改革」と呼ばれる、享保・寛政・天保、三つの大改革がやられている。

享保（一七一六〜四五）は八代将軍吉宗が直々に、寛政（一七八七〜九三）は老中の松平定信、天保（一八四一〜四三）は同じく老中の水野忠邦が仕切った。

享保のそれは、ロシア船来航の半世紀以上前から破綻が始まっていたことを示しており、寛政は十年後もそれが続き、天保はずっとくだってペリー船来航の十年前までつづいていたことを表している。天保は三年で破綻し、最後の改革となった。

こうした状況下で幕府も藩も財政危機が深刻化、農村でも都市でも一揆や打ち壊しが頻発していった。知識人からも事態を憂い幕政批判の声が高まっていく。それにとどまらず、武士や公家などからも反体制的言動が生まれ始めていた。

この背景には、松本清張氏も『幕末の動乱』で書いたように「コメ依存からカネ支配への激流」「田舎へも銭行き渡り」——すなわち商品経済が隅々まで浸透し、封建制の土台を侵食していったことがある。そこへ不気味な黒船が押し寄せてきたのである。

経済の土台の破綻、瓦解は幕藩体制そのものの危機を呼び、内政、外交政策もほころびだした。異国船来航の頻繁化につれて初代家康政策そのものが崩れていったのであった。

日本にはじめて開国を求めて外国艦船が来航したのは吉田松陰が生まれる半世紀前、一七七八年のロシア船である。

ペリー来航はそれから七十五年後の一八五三年、井伊直弼大老による条約調印は、一八五八年、八十年後のことで、攘夷を掲げて最後まで抵抗した孝明天皇が攘夷祈願もむなしく、条約を勅許したのは一八六五年である。

九十年間に何があったか　この勅許までの、約九十年、幕末日本は、攘夷か、開国かを巡り大論争となり、血で血を洗う争いで、有為の人材を失うこともあった。その意味で、この九十年は維新の前史として決しておろそかにできない。その後に生きたものが、先人達の知と行動から学び、彼らの「今」と「今後」に生かしたであろうか。日本が近代に足を踏み入れて以後、「安政の大獄」や「幕末維新」のみが華々しく扱われ、ドラマや人物史に取り上げられてきた。しかし、それは九十年の歴史の終焉というべき十五年間に過ぎない。

二つの「獄」に注目　私は、この九十年の中に、蛮社の獄（一八三九・天保十）、安政の大獄（一八五九・安政六）という「獄」、すなわち、すでに終焉に向かっていた幕府によるあがき、二つの弾圧事件に注目する。

前者は、すでに帝国主義という歴史的荒波、脅威を含みながらも歴史の進歩、近代社会へ合流しようとする前向きの運動への弾圧であり、後者は、「攘夷」という時代錯誤、歴史に逆行する運動への弾圧であった。その意味で、二つの事件の違いを透視しなければならない。弾圧する側もされる側も歴史的制約の中でいきた〝時代の子〟であった。だからこそ、そこに幕末最後の九十年間の時代の変化、推移が映し出される。

攘夷の勃興、破綻へ　私は、以下その視点で、九十年間の時代の節々で「夜明け」を迎えていた日本に何が問われていたかを見ながら、第二章では列強の開国要求に対する幕府の政策、家康の厭「戦国」的政策からその後の尊皇攘夷、水戸学の隆盛と古代への回帰路線などを素描する。

第三章では幕府にあらがって開国の道を追究した、渡辺崋山・高野長英ら開国の研究、運動に結集した人びと、蘭学者達の主張やたたかいを取りあげる（蛮社の獄）。開国論がなぜこの時代に興ったか、なぜオランダかに焦点を当てて考える。

こうした流れを経て、井伊大老の登場（安政の大獄）と、それへの反動としての攘夷の勃興（天皇・薩長・慶喜幕政）、そして先に見た列強包囲下での条約勅許、攘夷の破綻、さらに幕府の崩壊へ行き着く。

（1）幕府の外国船への対応の揺れ

日本に開国を求めるロシア船の初来航は、既述のとおり、一七七八年六月である。北海道の厚岸港に着岸、松前藩の戸をたたき応対を求めた。同藩はこれを幕府に報告、時をおいてロシアへは開国要請拒否を伝えた。これはあくまでも公式に記録されたものであるが、わいろ政治で有名な田沼意次時代には田沼自ら密貿易に手を染め、それは多かれ少なかれ藩にも広がっていた。したがって、幕府でも藩でも担当者は〝見て見ぬふり〟をし、報告してないものが多数あったと見られる。

狼狽と揺れ　このころ、外国の情報は唯一の窓口、オランダを通じて年一回の報告書が届いていた（『オランダ風説書』）。「アヘン戦争」後は毎年「別段風説書」が届くようになっていたが、密貿易や漂流民からの方がより早くリアルな情報が得られるから、幕府もそれを重宝していた。

しかし、情報は入ってきても幕府の腹は決まらず、対応は揺れた。ひとことで言えば、「狼狽」と「揺れ」である。大まかに跡づけると以下のようになる。

一八二五年「異国船打ち払い令」。
一八四二年「薪水給与令」。
一八四九年、大名に「打ち払い令撤廃」を諮問。
十か月後「薪水給与引き締め」実施…云々。
——これがペリー来航直前までの幕府の態度、ハラであった。

林子平の海防策提言とお咎め　ロシア船来航に早く反応した民間人は、林子平であった。彼は、一七三八年、幕臣の次男として江戸に生まれ、後に仙台藩医の兄のもとに身を寄せ生育。ここで、長じて、江戸詰仙台藩医の工藤平助に出合う。工藤は、意次時代に松前藩士からロシアの情勢とともに同藩の密貿易について聞き取り、一七八三年『赤蝦夷風説書』に纏めあげた人物である。子平は、工藤に同伴して長崎を訪れ、国内外の情勢や情報を吸収した。自らも要所要所を行脚し書き上げたのが、『三国通覧図説』（一七八五）と『海国兵談』（一七八六）の二著である。

『三国通覧図説』は、日本に隣接する朝鮮・琉球・蝦夷の三国と付近の島々に関する風俗などの挿絵入り解説と地図五枚からなる。『海国兵談』は政論書であり、全十六巻からなる。二著は、軍事面から見た海防論である。したがって当然ながら、ロシア船来航に触発され攘夷論の立場に立った幕府と国民への警告書である。今風に言えば安全保障上の〝戸締まり論〟と言えるのかも知れない。

林家は、幕府や仙台藩に任用された家柄だが、子平自身は、定職もなく、二著とも無視され、民間人が幕府政策に口出しするなと咎めを受け蟄居の身となったまま早世する。

この時代には、「寛政異学の禁」など学問の統制はあったが、蛮社の獄や安政の大獄のような厳罰はなかった。そこにまだ時代と幕府の〝危機意識の緩さ〟が読み取れる。

（2）家康政策からの逸脱、転変

家康は一五〇年つづいた戦国時代の終焉——大阪夏の陣勝利後、秀吉の二度の朝鮮侵略出兵の反省から、朝鮮通信使受け入れの友好外交に転換、内政でも過酷な封建制度としての政策をとりつつも、戦争の停止、平和政策を選んだ。

しかしその後、列強の開国要求の強まりとともに、幕府の歴代指導部は攘夷政策に歩を進めた。御三家の水戸藩主、光圀は南朝を正統とする歴史書『大日本史』を編纂し、尊皇皇国の水戸学を確立した。

第九代藩主となった徳川斉昭は、水戸学の拠点として弘道館を建てるなど水戸学に力を入れる一方、尊皇攘夷の中核となり、武力攘夷の倒幕派を鼓舞激励する役割を担うようになっていく。こうしたなか水戸浪士六人が幕府の要人安藤老中を襲撃する（坂下門外の変）など藩としての統制が揺らぐ。

幕府は、十四代将軍家茂死去にともない、一橋家を嗣いでいた斉昭の第七子慶喜を将軍継嗣の候補とし、悶着のすえ慶喜は第十五代将軍に迎えられる。

私は、この章を、幕末史では無謀とも言える異例な「幕末最後の九十年」という区切りを使い、その歴史を語ってきた。そこには、二六〇年続いた徳川幕府の衰退過程、西洋列強の

「開国」圧力の強化という、わが国を取り巻く国際環境の激変、薩長を軸とした関ヶ原決戦での「敗者」たる外様藩の勃興、尊皇攘夷から尊皇倒幕への変転など国内諸勢力間の力関係の変化など内政の激変もある。

その中で、私は、とくに蘭学・蘭医らを中心に多くの知識人や芸術家らを輩出、活発に活躍した一八〇〇年代前半期に注目した。彼らは、限られた分野の専門居士というより、スーパースターである。例えば開国論を唱えた一連の人びとのなかには一方で当代随一の画家、医学者、エレキテル研究者などなどがいた。その意味でこの時代は「日本のルネサンス」「前期夜明け前」とも言えそうな気がするのである。

第三章　開国へ燃える蘭学者たち
——なぜオランダか、この時代か

（1）崋山・長英らの主張・活動と蛮社の獄

蛮社の獄が渦巻いたのは、子平が没して四十六年、約半世紀後のことである。日本と世界はさらに動いた。松平定信の寛政の改革が頓挫し失脚。改革らしい改革はその後無く、天保になって水野忠邦が登場、緊縮政策を推進するも、崩れゆく幕政には焼け石に水、最後の改革となった。

一八三九（天保十）年五月、幕府当局が突如崋山と長英を家宅捜索、ふたりを逮捕した。「妖言を放ち、外夷を賞賛し、人心を扇動」「徒党を結び、無人島に渡ろうとしている……外国に渡航して、将来交易を開こうという下心からにほかならない」（注）などというのが逮捕理由であった。これらの容疑は裁判でことごとく崩れ去り、目付とその配下のスパイ（納戸番）によるでっちあげだったことが明らかになる。

（注）「無人島に渡ろうとして」のくだりは、発禁処分となった林子平の『三国通覧図説』を印象づけてでっちあげに〝真実味〟を持たそうとしたと思われる。これには後日談がある。ペリーは、小笠原諸島を米国のアジアでの拠点として領有することを画策したが、子平のこの図説が日本の固有の領土であることの証明となり、画策は失敗に終わったといういきさつがある。

高野長英記念館（奥州市）

記念館を訪ねた時期は春の企画展「先覚のまなざし〜夢物語から蛮社の獄へ〜」が催されていた。

しかし、捜索の過程で、市中に出回っていた「異国船打ち払い令」などを批判する『夢物語』が長英作であることが発覚。同趣旨の崋山著『慎機論』（未定稿）が捜索で押収されていたことから有罪となった。

結果、崋山は幽閉中の自宅で切腹、長英は収容先の牢の火災に乗じて逃亡、顔を薬品で焼くなどして六年間身を潜めた末、追いつめられ、自殺している。この事件そのものの顛末は、崋山、長英を主人公とする小説、伝記等で書かれており、これ以上は触れない。

先に見た、ふたりを含む蛮社の獄に関係した蘭学者たちが、なぜ自らの社会的地位をもふり捨て、開国への道を探求、啓蒙しようとしたのか、何が彼らを突き動かし、何を探求と勇気の精神的支えとしたのか――。結論を先に述べる。

それは、少数の蘭学者たちの「直情径行」、一時的突発的出来心ではない。彼らは当時唯一の海外交易の窓口オランダからの西洋を中心とする海外情報を摂取していた。とくに医学分野では、西洋医学を学び、日々の診療を通じて、合理主義、科学的思考法を身につけ、確立していった。さらに研究・交流仲間には、幕臣ら幕府関係者も加わるなど幅広い知識・情報をもった層を結集していた。

（2）幕府は何を恐れたのか

要するに、この事件で何よりの証拠としたのは、二つの著書である。これは、藩の家老職にあり、幕府の海防策にも関与していた現職の政治家崋山と、医師として身につけた蘭語を縦横に駆使し医学書だけでなく政治・経済・歴史・地理・兵学など幅広く翻訳書を手がけた、当時随一の蘭学者長英との共同討論によってなったものである。幕府は、その内容が自らの現状認識の基としている諸資料と符合するなど、正確さ、説得力に驚愕し恐怖した。

とりわけ崋山は、広く海外事情に精通する一方、職務を通じて自国の「防衛」策の不備、当時の国際社会に通用しない鎖国政策の稚拙さを知り尽くし、そのうえにたって開国論を展開していたのである。

以上の意味で、二著は、個人の趣味や興味に基づく〝夢想の物語〟ではなかった。長英の獄中記の次のくだりは、彼らの誇りと確信を表している。

「江戸の獄を置いて今に至るまで二百五、六十年。この間、犯罪の徒、獄に下る者幾百万を知らず。然れども瑞皐《ずいこう》（長英の号）の如き忠節を懐て、著述を以て罪を得る者未だ一人を見ず。」

（3）日蘭交流の歴史と蘭学の受容
――その特筆すべき時代を考える

日蘭交流四百年記念電子展示会　ところで、オランダが江戸時代に、英仏米など欧米列強に先んじて、日本でこれほどの影響力をなぜ持つにいたったのか――。国立国会図書館が二〇〇九年、オランダ王立図書館と共同し「江戸時代の日蘭交流」と題して電子展示会を開催。

その展示資料を公開している。
それによると、日蘭の交易が始まったのは、徳川開幕間もない一六〇九（慶長十四）年七月。すでに四〇〇年以上となる。展示会はこれを記念してのものである。この年の五月、二隻のオランダ船が平戸港に到着、家康は直ちに交易許可の朱印状を発行したという。それを起点とすれば、蛮社の獄の時点（一八三九）で二三〇年の交流実績となる。

多彩、多方面な「蘭学の受容」　以下、同資料に依拠し「蘭学の受容」という視点に絞って整理してみよう。

家康は、蘭語の習得を通詞（通訳）らに指示奨励、学校も設けている。通詞制度はやがて世襲化され十七世紀後半には、家を通じてオランダ語の知識が伝承されるようになっていった。さらに、語学のみならず西洋の学問研究も行われていく。その代表的通詞の家として知られるのは吉雄、志築、本木家である。

通詞から医学・医師へ　つづいて蘭語・蘭学の摂取、西洋学問の研究に取り組んだのが医学・医術の分野であった。十八世紀後半の江戸においては、前野良沢、杉田玄白らがオランダ語医学書の翻訳を行い、一七七四（安永三）年に『解体新書』として刊行、また、大槻玄沢の私塾である芝蘭堂ではオランダ語教育が行われ、一七九六（寛政八）年に玄沢の弟子の稲村三伯が日本で最初の蘭和辞書『波留麻和解』（「江戸ハルマ」）を刊行している。

大坂にも洪庵の適塾　また、十九世紀前半には長崎や江戸以外の地でも私塾や大名家で蘭学やオランダ語学習が行われるようになった。こうした私塾の中では、緒方洪庵が開設した大坂の適塾が有名である。よく知られるように村田蔵六（大村益次郎）や福沢諭吉などの門弟を輩出した。

なお、付言しておくと、幕府は一六三九（寛永十六）年にキリシタン排斥を軸とした鎖国令を出している。このとき、キリスト教徒の多いポルトガル人を長崎・出島から放逐、代わってオランダ商館を出島に移転させた。オランダの進出、優遇には、以上のような背景がある。

蘭学者の世代的継承と連帯　以上、日蘭交流の歴史と、通詞の蘭語習得に始まる蘭学の受容の断面を一瞥してきた。私が問題にしている蛮社の獄の犠牲となった蘭学者たちの背景には、二百数十年にわたる彼ら先人たちの重層的交流と何代もの世代的継承による知識の伝承と蓄積を読み取ることができよう。

「大槻三賢人」の像

JR 一関駅前に「大槻三賢人」像が建っている。

蘭学者、蘭方医の少なくない人びとは何代にもわたってその知識と技術を継承し、誇りとしてきた。例えば大槻玄沢は祖父・父からの医業を引き継ぎ、長男に伝承。玄沢の孫は、日本初の本格的国語辞典『言海』『大言海』の著者大槻文彦である。大槻が生まれ住んだ東北の一関市は大槻玄沢、息子の磐渓、孫の文彦を「大槻三賢人」と称して、その業績を顕彰している。なお、文彦の兄如電は医業から離れたが、文筆で蘭学、蘭方医学をたたえた。

「日本のダ・ヴィンチ」の時代　戦国時代は大坂夏の陣で一五〇年の歴史を閉じ江戸幕府に移った。その江戸時代草創期から日蘭友好の絆が始まり、多くの蘭学者・蘭方医を輩出。そして、黒船が列島周辺に押し寄せ、攘夷か開国かで揺れ動いたこの時期に、蘭学者の中からいちはやく開国を主張する人びとが現れた。

それを知った私は、『江戸のダ・ヴィンチ』（集英社新書、二〇一八）という一冊が目にとまった。この時代を生きた著名な画家であるとともに科学者でもあった司馬江漢について書かれている。著者は宇宙物理学者の池内了氏である。

江漢は前野良沢や大槻玄沢、さらに「静電気発生器」（エレキテル）復原者として著名な平賀源内とも交流があった。ことほどさように多彩な知識、技術等を究めた人物が生まれ活躍している。

多彩な交流、その結び目に蘭学　簡潔に言うと、画業、医業、物作りなどそれぞれの専門を生かした交流の結び目に蘭学がある。言い換えると、この時代に蘭学に関わった人物は単なる専門居士ではなく、多彩な能力を持つ、いわばスーパーマンだったと言える。

池内氏は、江漢は「まるでルネサンス期のダ・ヴィンチのようではないか」と、同書のタイトルに関連して書いている。その意味でこの時代は日本近代の夜明けを告げる特筆すべき時代――「ルネサンス」に比定してもいい時代だったのではないか。改めて光を当てていく必要が感じられるのである。――「まるで日本のダ・ヴィンチ」の時代ではないか。

（4）科学的思考を育んだ「解体現場」
——『蘭学事始』は何を問いかけるか

先に私は、崋山や長英らが幕府の締め付けに抗い、開国を主張した、その精神的支えとして近代的合理主義、科学的思考法をあげた。

この章の最後に、『解体新書』の翻訳者であり蘭学者・蘭方医でもある、杉田玄白・前野良沢が、生身の人間の解剖を通じて、獲得していった合理的、科学的思考獲得のリアリティを見ておきたい。玄白は実際の「解体現場」に臨んだ体験を『蘭学事始』に綴っている。少し長くなるが、紹介する。そこからは、身分や民族のちがいを超えて、ひとりの人間として同じ臓器が同じ場所にあることを和蘭両国の先人達の記録図に照らして確認していく学者・医師たちの興奮が伝わってくる。

臓器、骨たちは語る　——各々打連れ立ちて骨ケ原の設け置きし観臓の場へ至れり。……其日もかの老屠が彼れの此れのと指し示し、心、肝、胆、胃のほかに其名なきものをさして、名は知らねども、己れ若きより数人を手にかけ解き分けしに、何れの腹内を見ても此処にかやうの物あり、彼処に此物ありと示し見せたり。図によりて考ふれば、後に分明を得し動血脈の二幹又小腎などにてありたり。老屠又曰く、只今まで腑わけの度々其医師がたに品々をさし示したれども、唯一人それは何これは何々なりと疑はれ候御方もなかりしといへり。良沢相倶に携へ行きし和蘭図に照らし合せ見しに、一として聊かも違ふ事なき品々なり。……さて其の日の解剖事終り、とてもの事に骨骸の形をも見るべしと、刑場に野ざらしになりし骨共を拾ひとりてかずかず見しに、旧説とは相違にして、只和蘭図にたがへる所なきに、皆驚嘆せるのみなり。

蘭方医たちの真理に触れた興奮　上記引用は、玄白、良沢らがはじめて死刑囚の埋葬現場を訪ねたときの情景、自らの感想等を『蘭学事始』に綴ったくだりである。「骨ヶ原」とはその作業現場の通称である。「老屠」とは、刑死者の屍を腑わけする職員のことを指す。彼は若いときから数人「解き分け」してきたが、「いずれの腹内を見ても」この場所にこれ、あそこにこのものありと示して見せている。そして今まで、自分の説明に疑を挟む医師はひとりもなかったという。玄沢らも良沢が持参した、和蘭の先人作成の図とひとつとして違いがないことに「皆驚嘆せるのみ」と感懐を述べている。

玄白・良沢が『解体新書』の翻訳に取りかかるのはこの訪問の直後のことである。

なお、日本で最初に解剖、観察し、図解を手がけたのは、玄白らの大先輩山脇東洋である。

山脇は一七五九年に日本初の解剖書『臓志』という本を著している。玄白は『事始』の中で、東洋の業績を率直に讃え紹介、骨ヶ原訪問も「其書をも見し上の事なれば……彼処へ罷る心にて殊に飛揚せり」と書いている。当時の蘭学者らの、世代を超えた連帯感と崇敬を示すエピソードと言えよう。

第四章　独立と開国の両立を探求
――横井・中岡に見る「民族自決」の芽生え

（1）明治国家の対外政策と攘夷の破綻

私はこの約十年、日本近現代史を再勉強しながらそれを四冊の本にまとめてきた。その中でいくつかの疑問を感じ考えてきたことがある。その疑問点のうちで最重要に思っているのは、近代日本の黎明期、すなわち明治時代の二つの対外戦争――日清・日露戦争はやむを得ない戦争だった、帝国主義の時代だから、侵略国になるか、植民地国に甘んじるかしか無かったとして、朝鮮・中国への侵略、植民地化を容認し、正当化する論調である。

二つの対外戦争とその正当化　私は、これに否！の立場で、日清・日露――二つの戦争を見つめ、私なりに前記論調を批判してきた。それは私達世代が学んだ戦後の歴史学が積み上げてきた到達点をふまえてのことである。この到達点の何よりの〝援軍〟は二つの世界大戦の惨害を体験した、ヨーロッパ、アジアを中心とする各国と国際社会、そして個人が声をあげ、運動を起こし、戦争否認の強い決意のもとに、国際的な平和の流れをつくりだしたことである。一九二八年の戦争違法化条約（不戦条約）、そして第二次大戦後の国連憲章制定に結実した。とくに日本ではその流れを反映して戦争放棄、戦力不保持をうたう憲法九条が生まれた。それはこの二つの国際的条規と軌を一にする。

しかし、私は凄惨な被害の上に築かれたこの平和の枠組みを多としながらも、それで胸の中がすっきりしているわけではない。それは、先に出版した拙著『敗戦日本は明治を総括したか』で示した危惧――日本国が、再び〝戦争の火付け人〟となるのではないかと思わせるような政治風潮が繰り返し生まれ〝心の澱〟となっているからである。それは、あれこれの特異な政治家個人の問題だけに帰せるものではなく、国民の中で解決していないものなのである。

条約勅許にいたる三勢力の主張と確執

井伊直弼の開国条約調印（一八五四）を契機に、攘夷の思想と運動は急速に高まり、攘夷か開国かが政治の焦点に押し上げられた。井伊の暗殺（一八六〇）後、攘夷派は元気付き、運動は加速する。ところが、もっとも強硬だった孝明天皇は、列強の軍事的圧力のもと突如条約を勅許（一八六五）、攘夷政策は破綻した。ペリー初来航（一八五三）、調印（五四）からおよそ十年後のことである。

条約調印を契機に、攘夷か開国かが政治の焦点になったが、天皇の勅許までの約十年間は、同時に急速に衰退する幕府を前に、次期政権を誰が握るか、政権奪取を巡る確執と壮絶な闘争が展開された時期でもあった。

その主体は、第一に薩長を中心とする雄藩、第二に鎌倉幕府成立以来約七百年間奪われていた政権・軍権の回復を狙う天皇・朝廷、そして第三に、あわよくば政権の維持・延命をはかりたい幕府――これらの政治勢力の権謀術策、駆け引きが渦巻く中で、維新政権・明治国家は生まれた。


これら三派の議論と行動を整理してみると、次の問題点が浮かびあがってくる。


第一。政治的政策的議論が、「攘夷か開国か」だけに矮小化されている。しかも各派それぞれ時の流れにつれて「攘夷」と「開国」の間を揺れ動いている。例えば幕府は前章で見たように、異国船への対応が「打ち払い」と「薪水給与」のあいだを行ったり来たりで、腰が定まらなかった。

こうした状況は、武力攘夷の先鋒を切っていた薩長も例外ではない。両者は、八・一八クーデターで袂を分かち、薩摩は攘夷から開国へ。長州は孤立をおそれ、開国で動いた時期もあるが攘夷に戻り禁門の変に決起した。薩長とも藩内が徹底攘夷と穏健派ないし開国派に分裂、上記の藩の動きは各派の力関係を反映したものである。

孝明天皇は最後まで強硬に攘夷を貫き、幕府・雄藩が同調しなければ「攘夷親政」、すなわち自ら攘夷の陣頭指揮に立つと主張した。しかし、天皇は「夷狄」に包囲され、自ら矛を収めたのである。

第二。攘夷を巡るこうした弱点はなぜ起こってきたのか。各派とも政治政策的議論よりも、次期政権にどうありつくかがありきで、その駆け引き・権謀術数に終始していたことにある。列強の「外圧」を受け国家の危機を語り、現体制を非難するが、自らは何を「国是」にし、どんな国を作るかを語り、まとめる中軸をつくれなかった。薩長同盟や薩土盟約があったが、いずれも〝政権奪取同盟〟的、陰謀的で大義がない術策だった。政権が、五箇条の誓文を発表したのは戊申戦争中である。これは福井藩の由利公正が起案。原案は龍馬の戦中八策といわれているが、八策は、本章の主人公となる横井小楠との会談で聞いた小楠の話が基になっているというのが、最近は有力である。

第三。薩長・天皇らは、インド・中国・朝鮮などを例に列強による侵略と「属国」化を国家の危機としておそれていた。しかし、その危機回避でやったのは、せいぜい要塞建設、武器・軍艦の購入などの「海防」策であった。天皇は「攘夷親政」と言ってみせたものの、先に見たとおりであった。

侵略と属国化――すなわち「独立」を守るための正面からの議論と具体化が欠如していたのである。異国に応対する基本方針もない。

「独立」を正面に据えられてこなかったのは、先に触れた、帝国主義の時代だから「侵略するか、植民地に甘んじるかしかなかった」という議論に通じている。

それは、明治の十年代にピークを迎えた自由民権運動も確立できなかった弱点である。運動は憲法制定と国会開設は実現したが、独立の問題は正面に坐らなかった。自らの「独立」は視野にあるが、他国の「独立」は視野になかった。結果として日本の侵略政策とたたかうことができず、薩長を軸とする藩閥政権に追随していった。「脱亜入欧」である。

幕末の最晩期、三勢力のこうした確執の渦中にあって、武力無き開国・独立を展望しての開国の道、その議論はなかったのか――と私は考えはじめた。そこで注目したのは、徳川政

料金受取人払郵便

大阪北局
承認
2424

差出有効期間
2021 年 12 月
1 日まで
（切手不要）

郵便はがき

553-8790

018

大阪市福島区海老江 5-2-2-710

㈱風詠社

愛読者カード係 行

ふりがな お名前		明治 大正 昭和 平成 年生 歳	
ふりがな ご住所	□□□-□□□□	性別 男・女	
お電話 番号		ご職業	
E-mail			
書名			
お買上 書店	都道府県 市区郡	書店名	書店
		ご購入日	年 月 日

本書をお買い求めになった動機は？

1. 書店店頭で見て 2. インターネット書店で見て
3. 知人にすすめられて 4. ホームページを見て
5. 広告、記事（新聞、雑誌、ポスター等）を見て（新聞、雑誌名 ）

風詠社の本をお買い求めいただき誠にありがとうございます。
この愛読者カードは小社出版の企画等に役立たせていただきます。

本書についてのご意見、ご感想をお聞かせください。 ①内容について	
②カバー、タイトル、帯について	
弊社、及び弊社刊行物に対するご意見、ご感想をお聞かせください。	
最近読んでおもしろかった本やこれから読んでみたい本をお教えください。	
ご購読雑誌（複数可）	ご購読新聞 新聞

ご協力ありがとうございました。

※お客様の個人情報は、小社からの連絡のみに使用します。社外に提供することは一切ありません。

権初期から前半期に始まる蘭学者・蘭方医たちの動向である。そして幕末最晩期の開国論をこの間一世紀足らずの歴史のなかに位置づけて考えた。

私がこうした問題意識にたち、たどり着いたのが横井小楠と中岡慎太郎の開国論であった。そこには、第二次世界大戦後に、澎湃として起こった民族自決権に通じる芽生えが見られる。

(2) 横井小楠と中岡慎太郎に注目

横井小楠はもともと尊王攘夷派であったが、ある時期から開国論に転換した熊本藩士である。

もうひとり、中岡慎太郎を取り上げる。彼は、公武合体・公義政体派の土佐藩を脱藩、武力攘夷、武力倒幕派として長州に亡命、英国と交戦した薩英戦争や、列強四国連合と一戦を交えた長州の馬関戦争を賛美。薩土盟約、薩長同盟に深く関与した人物である。彼はその立場から、日本の独立を展望しつつ開国を果たす議論を、八十年前にやりとげた米国の独立戦争勝利を援用して展開している。中岡が龍馬とともに凶刃にはてた直前のことである。


独立を確保しての開国という視点　私は、当時の世界において「独立を確保しての開国」

は不可能だったのか、そういう議論は、成り立ち得なかったのかという視点で、立場の違うこのふたりの議論をみていく。

後世の人間が、その後の歴史の進展をふまえてものを言うことは易しい。進歩と退歩、本流と逆流が激しく渦巻く過去の時代に、そこに身をおいて、どのように苦悩し、この問題に取り組んだか耳を傾けたい。

一九四五年の敗戦後、日本は歴史上初めて他国に従属する国となり、七十年以上へた今、安保条約など対米従属体制からの離脱、独立をどう果たしていくか問われることになっている。そして有史以来初めての、この対外従属の枠組みから抜けだしたあと、アジアのみか、世界の国ぐにから尊敬される真の独立国をどう築いていくか――。

（3）小楠は攘夷論から開国論へどう転換したか
――松陰との出会いと分岐にもふれて

私が、横井小楠に注目するようになったのは、

黒船の頻繁な来航――開国か攘夷かの世論の沸騰――開国条約の締結――条約勅許――大政奉還・王政復古――五ケ条誓文公布――日清・日露戦争――台・朝・中への侵略と植民地化

――アジア・太平洋戦争を経て敗戦に至る約一七〇年間のどこで日本は道を誤ったのか――そういう問題意識を持ち、幕末に目を注ぎはじめてからのことであった。

さらに小楠の開国論に耳を傾け、本格的に彼の人物伝や論文などに目を通すようになったのはごく最近のことである。


松陰と、攘夷論を脱皮した小楠　小楠は熊本藩の藩士の倅であり、幼少期から儒学を学び藩校では優秀な少年と注目されていた。二十九歳で藩校の塾長に抜擢され、強烈な尊王攘夷論者に成長していった。ここまでは時代は違うが、萩育ちの松陰とほぼ同じ道を歩んでいる。

小楠は、一八〇九（文化六）年生まれ。松陰より二十歳年長である。崋山、長英らが犠牲となった蛮社の獄（一八三九）のとき松陰は九歳、小楠は三十歳。松陰が刑死した安政の大獄（五八～五九）のとき、小楠は五十歳を越え、当時にあっては老人の域に達していた。〝開国か鎖国の維持か〟を巡る二つの〝攻防期〟を成人としてくぐり抜けている。

蛮社の獄から安政の大獄への二十年間の社会的変化は著しく、ふたりも年齢差を越えて同時代人として空気をすっている。

日米和親条約締結の一八五四（安政元）年、四十六歳を迎えた小楠は、急速に開国論の方向に舵を切る。この年九月に書いた友への手紙にはそれを示す記述が見られる。一方この年三月、攘夷にはやる二十五歳の松陰は、佐久間象山から「あふられる」ことも手伝って米船乗り込みに失敗し、自首。密航の罪で幽囚の身となり、四年後の一八五九年、処刑される。

松陰との運命的出会い、その後の数年

小楠と松陰は、一八五二年、萩で初めて会談している。松陰は小楠という人物に感銘し、萩での講演などを依頼した。

小楠は、この年十月ロシアのプチャーチン来航前に、「夷虜応接大意」なる文書を書き、幕府の外国奉行に贈っている。

同文書の中で小楠は、外国に対する国是として、「有道の国」「無道の国」を区別、前者には通信を許し、後者は拒絶。また外国との応接にあたる人材を選りすぐり、「天地有生の仁心」を宗とする国は受け入れ、不信不義の国は天地神明とともに「威罰する」――この大義を「海外万国」に示せと説いている。

この精神、立場は、蛮社の獄で、幕府当局が崋山、長英を罰するに際して、最大の容疑とした崋山の『慎機論』、長英の『夢物語』に貫かれた幕府批判のそれに通底する。意識したか否かは別として、小楠とこのふたりは同時代人として事件を体験しており、小楠がそれを何らかの形で踏襲していることは十分ありえただろう。

松陰との会談は、「応接大意」執筆直後のことであり、ペリーの来航はその翌年である。

ペリー来航に直面する小楠の頭と腹は固まっていた。松陰との会談でこの問題が話し合われたかどうかは不明である。

会談のかいなく道は分岐　しかし、ペリーに対する、ふたりの対応は食い違っていた。松陰の対応はすでに繰り返し見てきたとおりである。

先に述べたことだが、触れておくと、幽囚の身となった松陰の姿勢は、焦りと危機感を募らせ、門弟らとの離間が進み孤立化、運動も少人数のテロに走るなど過激化していく。そして、松陰がその精神的支柱としたのは、古学への回帰や神代の天皇へのいっそうの帰依であった。三十歳にして、死に向き合うこととなった松陰の姿勢は、復古的で後ろ向きではないか。処刑に向きあう中でのことではあるが、私にはそう思える。

いよいよ小楠の開国論そのものに話を移そう。

（4）小楠「開国論」の内容と核心

攘夷との決別――準備期と決別の動機　先に見たように小楠の開国論への転換の時期は、ロシアのプチャーチン来航直前とされている。その翌年、翌々年とたて続けにペリーが来航するなど、列強の開国要求が激化する中でのことである。

こうした列強の動きは、小楠の転換の契機としては説明がつくかも知れない。しかし、彼は、幼少期から朱子学、陽明学などを学び、父は、尊皇家である。そのもとで彼は尊皇攘夷思想をたたき込まれ人格形成を遂げた人物である。彼自身、楠木正行（小楠公）にあやかって小楠と号している。その彼が列強の開国要求の圧力を忖度し、〝俄か開国論者〟に変身（心）するというのは動機としては弱い。

彼の開国論への転換までの学習、学問研究と社会体験などを簡単に辿ってみよう。そこに転換の動機がある。

小楠は何を学び体験したか　熊本藩藩校「時習館」で小楠は、習字・故実・礼式・数学・音楽など当時の武士としての一般教養と漢学を学んだ。漢学は幕府公認の朱子学。彼は、このほか水戸学に興味を示し、水戸藩主、徳川斉昭らの尊王攘夷論に関する文献を集中的に読みあさった。また、中江藤樹、大塩平八郎らの陽明学派の一人熊沢蕃山の『集義和書』を愛読した。小楠が開国への転換に決定的ともいえる影響を受けたのは、蕃山のこの著書に出てくる、『海国図志』(注)だといわれる。蕃山は、「理想の政治」の実現を可能にするものとして、実践的学問「実学」をとなえた。小楠はこれに感銘を受け実学を学び研鑽を深めていった。

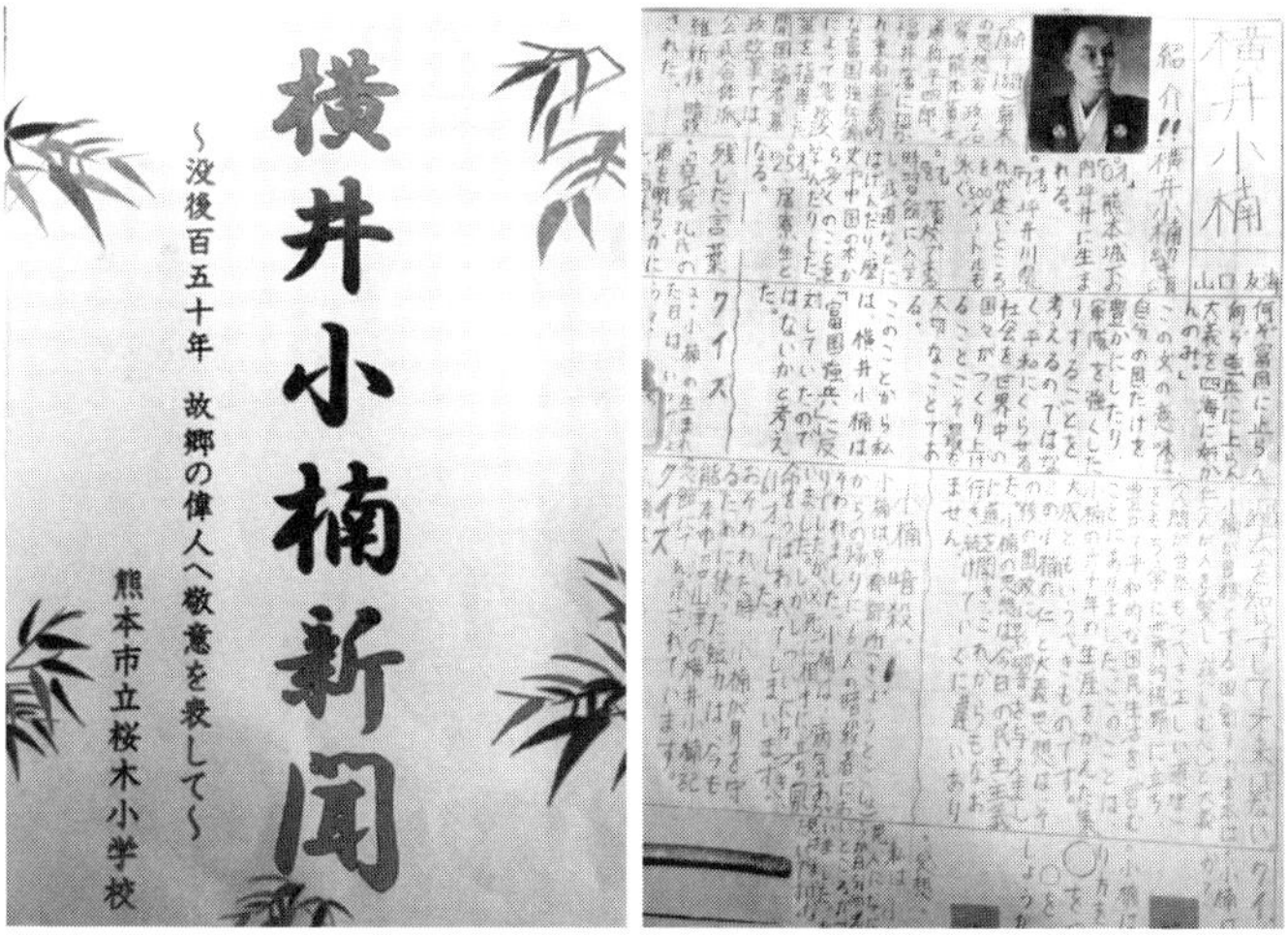

小楠記念館に展示されている地元小学生の手書き新聞

記念館は熊本地震の被害を受けまだ部分的に修復中だった。

草引きに携わる地元のボランティアの姿も。館内に小学生の手書き新聞が展示されていた。

（注）『海国図志』は中国清代の魏源の著。地理、歴史、政治など西洋諸国の情勢を説き、近代的な軍備、殖産興業を奨励した名著とされていた。幕末日本の知識人にも広く愛読され、幕府も買い取り普及するようになる。

藩校の塾長となった小楠は、一八三九年（三十一歳）、藩主から命じられ江戸遊学に出発。この旅で多くの人に接し、本を読み学問を深めるが、酒席で放言をはくなど失敗を犯し遊学は一年で頓挫。帰国後、深い反省のもとに、学問に傾注した。熊本藩家老長岡監物ら心ある人たちの呼びかけで研究会も始める（四一年、三十三歳）。これが、前記の実学を学び実践する集団「実学党」に発展していく。

さらに、彼は、開国を指向していた福井藩主松平慶永（春獄）のブレーンとして活躍している。この体験は貴重である。ひとつは、彼の知的・理論的力を試し鍛える「道場」、もうひとつは、譜代大名として幕政に関与する上司・春獄とともに、直面する外交の現実と格闘、政治家としての政治的、政策的力量を鍛錬する「道場」となったにちがいない。

福井での体験——現実政治の「道場」　小楠が開国論に目覚めたのはロシアのプチャーチン来日の頃と先に書いた。それにいたるまでの、いわば準備期に、彼は、藩校時代に学んだ、『海国図志』『鎖国』（ドイツの医師・ケンペル著、志筑忠雄訳）によって世界の地誌・キリスト教の実相を知るなど世界に視野を広げていた。

したがって、開国論への転換の火床は、時習館寮生時代から実学党結成前後までに準備されていたと見ていいだろう。その意味で、福井藩での上記「道場」体験は、彼の開国論にも、書生的、アカデミズム的枠を越え、リアリズムと説得性を持たせたにちがいない。

今なお新しい四つの核心的議論　小楠が開国論への転換を最初に公にした『夷虜応接大

意』（以下『応接大意』と略）（一八五三・嘉永六年十月）は、彼の開国論の核心ともいうべき「有道の国・無道の国」論に立っているが、以下彼の開国論の主たる内容となる議論を、四つに整理し見ていこう（現代文訳は松浦玲『横井小楠』筑摩文庫、二〇一〇年による）。

①『応接大意』と「有道・無道論」　すでに見たように、小楠は、『応接大意』で外国に対するわが国の「国是」は、有道の国には「通信を許し」、無道の国は「拒絶する」の二つであり、応接の人材を選び「天地有生の仁心」を宗とする国は受け入れ、不信不義の国は「天地神明とともに」威罰するといった大義を「海外万国に示さなければならない」と言っている。

文書は最後に、この大原則をもう一度強調したうえでこう述べている。「内天下の士気を振起して器械砲艦、漸を以つて全く備るに至りては、万国の醜虜、我正義に服従せざる事能はざるもの、何の疑かあるべきぞや」（同上）。

②交渉スタンス——「義」はどちらにあるか　小楠は前記①『応接大意』にある「有道・無道論」を対外交渉にあたってのスタンスとして、自らにも厳しく求めている。「和とか戦いとか言っても結局偏した意見であって、時に応じ勢いにしたがって、そのよろしきを得るのが真の道理である——と。

たとえば米国とはすでに和親を約束したが、そうであるからには英国などその他の国に対しては、「道理を持って自然体で打ち明け、話し合」をする。もし「いささかでも無理なことを要求」すれば「論破」、「聞くことができるもの」であれば「応じ、信義を主として応接」。そうすれば「彼らも人」だから「道理に服さないことはない」。

その上で相手が「無理を申し立てる」のであれば、わが国に「義があり」、彼らが「不義」であれば、わが国が万国を「敵にする」ようなことにはならない。「この我が道を四海に立てることを国是に決定すれば「和とか戦いとかの議論」を「争うことはない」と言う（小楠の友人吉田東篁への手紙）。

③『文武一途の説』――〝武に傾かず、武を廃せず〟

『応接大意』より十か月ばかり前の同年一月、小楠は、「文武一途の説」を書き、熱い信望を受けていた福井藩に送っている。ペリーの一回目来航（浦賀）の半年前である。この著述は、プチャーチンやペリー来航でわく幕府・藩の世論が「武」へ傾くことを戒めたもので、武の廃棄や排除を求めたものではない。

小楠のこの議論の前提には、「無道の国」が攻めてきたときどうするのか――という疑問がある。小楠は儒者であり、〝「真の儒者」は「武」を大事にする〟と心得ている。第二次大戦後、欧米各国の侵略と戦ったベトナムなど、小国の民族自決権に通じる小楠の視点がうかがえる。

文武に「一途」でないから揺らぎや〝軽挙妄動に走る〟——という小楠の諫めの声でもあると私には聞こえる。この精神は上記②の交渉スタンスの心張り棒でもあろう。

④外交交渉の現実と小楠の理想——四つの類型の分析　なお、『応接大意』は後半部分で、当時横行していた幕府当局者、藩指導者らの、外国との接し方の類型を分析、ランク付けし、論評を加えている。

まず最下等は、「彼の威権に屈して和議を唱えるもの。これは話にならない。」

その次、「理非を分たず一切外国を拒否して戦争しようというもの。これは天地自然の道理を知らないから必ず敗れる。」（明治政府以来日本が歩んだ道への予言、警告のように読める—引用者）

三番目に、「しばらく屈して和し、士気を張ってから戦おうというもの。これは彼我の国情をよく知っているようだが、実は天下の大義に暗い。また、幕府にいったん和すという心があるのでは士気は決してふるいはしない。」

だから、最上の策は、「必戦の覚悟をかため、幕府諸藩が材傑の人を挙げて政治を改革することである。

横井小楠像（熊本市）
小楠記念館の近くに横井小楠公園があり、小楠像、遺髪を納めた墓なども建てられている。

天下の人心に大義の有ることを知らせて士気を一新することである。」「我は戦闘必死を宗とし、天地の大義を奉じて彼に応接するの道、今日の一義にあらずや。」

以上から導き出される、小楠の開国論の核心は「大義を四海に布く」である。

私には、憲法九条を持つ日本外交に通じるものと思える。四つの類型は、今の世界の外交に照射すると、思い当たることがあっておもしろい。今にも役に立つ。

（5）中岡の開国論——独立戦争をふまえた現実主義

次に、攘夷派の立場から開国論を展開した中岡慎太郎。中岡は、武力攘夷・武力倒幕を主張、英国相手に薩英戦争（一八六三）をたたかった薩摩、四国相手に馬関戦争（六三―四）をたたかった長州を賛美。土佐を脱藩した彼は長州に亡命、馬関戦争に参戦している。

彼には、小楠のような論文や著作が少なく、全集も一巻全集一冊のみ。そこに独立・開国を論じた「愚論　窃カニ知己ニ示ス」という一文（一八六六）が収められている。彼の横死の前年の作である。

カタカナをひらがなに直し引用する。

中岡の幕府批判　「非常の難を救ふ者は、非常の行なくんばあるべからず。方今天下内外多難、加ふるに天災飢饉の患あり……。右の如く多難窮迫の今日に至ては、是非上下一致、国民安堵の御仁政に非ればば相成らず、是迄の治世政事は、上下隔絶しても、下情塞がりてもかまはず、将軍家は諸侯を推しつけ、私意を以て天下を制馭し、諸侯方の其下を馭するも亦然り……。

兵制の事を論ずれば、唯西洋好きにて、攘夷の論はなきことと思ふ人もあるべけれども、此は最も攘夷論の実用也。」

中岡は、こう徳川封建政権を批判。その上に立って、たとえ戦争になっても、攘夷を貫く正当性を、米国の独立戦争（一七七五―一七八三）の主張と経過を示しつつ展開している。彼は小説やドラマ、映画によく登場しているが、盟友龍馬の後ろに隠れ、影の薄い〝実戦家〟として描かれることが多い。

しかしながら、この文章は、西洋事情に明るく、とりわけ当時としては、アメリカ史にも通じた〝理論家〟中岡の一面を映し出す資料にもなっている。

「寓論　窃カニ知己ニ示ス」を読む　長くなるが読んでいただきたい。

「夫れ攘夷と云ふは、皇国の私言に非ず。其止むを得ざるに至っては、宇内各国、皆之を行ふもの也。米利堅（アメリカ、以下同じ）嘗て、英国の属国也。時に英吉利王利を貪る日々に多く、米民益々苦む。因て華盛頓（ワシントン、以下同じ）なる者、民の疾苦を訴え、是において華盛頓米地十三邦の民を帥い英人を拒絶し、鎖国攘夷を行ふ。此より英米連戦七年、英遂に不勝を知りて和を乞ひ、米利堅是に於て英属を免れ独立し（一七七六）、十三地同盟合衆国を号し一強国と成る。実に今を去ること八十年まえなり。」（以下略）

中岡はここで、米国の対英属国状況を日本の現状に引き寄せて「鎖国攘夷」ととらえ、「宇内各国、皆之を行ふもの也」と指摘。米国は対英攘夷戦争七年の末、属国を免れ独立を果たし「十三地同盟合衆国」を号し、「一強国」と成ったと述べ「実に今を去ること八十年前」と時代の推移を強調している。

横井小楠・中岡慎太郎殉難碑

「独立・開国」を夢見ながら維新前後に京都で凶刃に果てた横井小楠（寺町丸太町下ル）と中岡慎太郎（河原町蛸薬師下ル）殉難地の碑。

中岡は知られているように、大政奉還、王政復古の大号令（クーデター）、すなわち明治国家の「形」「内容」を見届けること無く龍馬とともに凶刃に果てた。

開国論で見せた西洋近代の進歩のひとつの金字塔というべき米国の独立戦争への理性と眼差しを見るとき、その早世を惜しむ。それは、彼の言説を、百年後に生きる、一介の物書きの私言ではなく、彼と激動の幕末をたたかった、佐久間象山・西郷隆盛・板垣退助ら同時代人たちの中岡評をふまえての私の評価である。

西洋近代の普遍的原則と世界史の進展　中岡がこの文章を書いた時点から八十年前と言えば、日本では田沼意次の時代。中岡は、アメリカが、イギリスからの独立を果たした独立戦争を「民族の普遍的原理」と賞賛、独立を展望した開国論の理論的・実践的論拠としていたのである。小楠とはニュアンスに違いはあるが、今では「普遍的原理」となっている「民族自決」という点で同質のものを感じ取れるのである。

（6）二つの世界大戦の「戦後」の反省に照らして

独立を前提とした開国論　攘夷論から開国論へ転換した横井小楠、武力攘夷論にたつ中岡慎太郎。ふたりの開国論を見てきた。立場は違うが、独立を前提とした開国論に立ち、独立のためにはあらゆる手段を行使し民族の尊厳、普遍的原理としての独立を守るという点で共通していると見るべきであろう。

小楠は儒学の道徳論の立場からそれを説き起こし、中岡は西洋近代の民主的経験を敷衍して、攘夷独立を民族の「普遍的権利」と位置づけた。およそ一五〇年前にである。

独立国の一員たろうとする自負と大義　これまで見てきたように、開国論の発生、発展の胚胎は、蘭医・蘭学者らの西洋医学吸収と研究を通じて学び確立してきた確固とした信念——事実と道理以外、いかなる権威にも迎合しない科学的・合理的思考を根付かせてきたことにある。

渡辺崋山・高野長英らは、その流れのなかで、開国論のひとつの頂点を築いた。小楠・中岡の開国論は、その上に、自ら「独立国」の一員たろうとする大義ある立場、自負に立って、さらに新しい到達点を記録した。

この章をしめるにあたって改めてそのことを確認しておこう。

そのうえで、私は以下のことを付け加えておきたい。

第一は、第一次世界大戦後にアジア諸国を中心に起こった民族独立運動の「新しい波」　拙著『敗戦日本は明治を総括したか』でも紹介したが、日本の戦後外交官で、駐フランス大使などを歴任した小倉和夫氏は、吉田茂が若手官僚に書かせた『日本外交の過誤』（外務省内部文書。五十年間秘匿後、二〇〇三年解禁）で、「過誤」の原因を諸外国の「ジャパンバッシング」としていることに異論を挟み、次のように述べている。

真の原因は、日本自身が「脱亜入欧」路線をとり、アジア諸国を「排斥」して、欧米帝国主義の仲間入りを果たそうとしてきたことにある——。アジアの民族運動の「新しい波」を外交と内政に反映させていく「先見性」が日本外交の指導者になかったと、批判している（『吉田茂の自問　敗戦、そして報告書「日本外交の過誤」』二〇〇三年、藤原書店）。

第二は、第二次世界大戦後の植民地解放、独立国家建設の新しい流れ　前記、崋山・長英・小楠・中岡らの主張は、この新しい流れの先駆であり、民族独立運動の勃興、帝国主義外交破綻の趨勢に繋がっている。

私は、「強国」を相手にした、小楠の外交交渉スタンス（上記②）を見ると、フランス・アメリカ、その同盟国とたたかい、アジアで最後の「民族独立」を勝ち取ったベトナム・ホーチミンの姿勢を彷彿とさせられる。

ホーチミンは、五〇～六〇年代において「独立と自由ほど尊いものはない」と堂々と主張し抗った。一九七三年、米軍は南ベトナムから撤退、小楠の言葉を借りれば、アジアの小国・ベトナムに「義」があり、「万国を敵にすることはなかった」のである。小楠は時代の限界に阻まれ、彼が生きた時代に自らの手で、自らの理想を実現出来なかった。しかし、一世紀を経て、彼の主張と理想は、同じアジアの小国の手によってみごとに実現したのであった。

ホーチミンの主張と大義は、「四海」を越えて広がり、一九六〇年〜七〇年にかけて、若者たちを先頭に（当時私もその末席に座るひとりであった）世界の人びとが、ベトナム支援にたちあがった。かつて国際世論を背景に、大英帝国から独立をもぎ取ったアメリカは、攻守席を替え、同じ論理でベトナムの独立をのまざるを得なかったのである。

今では、独立と自由を求めた、世界の人びとの血と汗によって結実した戦争違法化（不戦）条約、軍事同盟の否認を明記した国連憲章、戦力不保持をうたった日本国憲法、さらに第一次大戦後インドのネルーらが生み出した非暴力による運動形態が世界に広がり、新しい潮流となり始めているのではないだろうか。

もちろんまだ、宗教的対立は収まらず、宗教の面をかぶった原理主義、無差別テロなどが散発している。しかし「新しい波」が帝国主義を飲み込んでいったように、新しい流れは、これらの不条理の残存物を飲み込んでいくであろう。戦後派外交官・小倉和夫氏が言うように、日本の指導者が「新しい波」を見失わず外交と内政に反映させていく「先見性」を持ち続けなければならない。近現代日本の貴重な教訓である。

歴史には断絶もあれば継承もある。渡辺崋山、高野長英が一八三七年蛮社の獄で捕らえられ、不幸な死に追い込まれたのは一八三九年（崋山）、一八五一年（長英）であった。しかし、横井小楠、中岡慎太郎が攘夷思想と運動が激発している中、開国論を唱道したのは、それからおよそ二十年後、幕末最晩年の時期である。

渡辺・高野が両著で幕府のとがめを受けた主要点は、外国船打ち払いなどの幕府批判であった。これに対し、横井・中岡の開国論は、それに留まらず、世界の普遍的原理の立場に立って日本の独立の大義を明確に据えたものに進化していた。それは第一次世界大戦後の民族運動の「新しい波」を経て第二次大戦後に確立していった「民族自決権」の芽生えと言っても過言ではないだろう。

第五章　近代日本の夜明けに起こった異様な大事件
――神仏分離・廃仏毀釈が映し出す明治国家

なにが異様なのか。神や仏への信仰が厚く、それらを大事にする。その日本の近代の幕開けに寺や神社の施設・仏像・仏具などを破壊したり焼き払う。そんな事件が全国で起きていた。

私はこの事件の詳細をおいつつ、近年海外で発生している歴史遺産、文化財として価値の高い、宗教施設の破壊事件に思いをめぐらせ考えていた。近くは、イスラム過激派によるアフガニスタンのバーミアン遺跡の破壊がある。

そんな野蛮で、稚拙な蛮行が「政治」の名で、この近代日本の幕開けに起こっていたのである。これらの事件は、近代国家として、文化や歴史に対する認識、人間の心の琴線に触れる内心の自由にも関わる問題である。大きく言えば、これから始まろうとしていた近代国家の歴史や文化に対する認識、政治の前途のあり方を暗示するような出来事だった――と私には思えた。以下、この問題を考えて、明治という時代、国家を考える本書の終章としたい。

日本の近代の曙、明治時代とは何だったのだろうか。短期間のうちに西洋文明を吸収したと言われる「文明開化」が、日清・日露戦争勝利をもって「一等国」とすることと一体にして、「明治の栄光」が近年喧伝されているが、それは明治という時代と国家の真実の姿だろうか。

(1) 二〇一八年新年─石清水八幡宮での新発見と社寺行脚

真新しい遺跡表示　二〇一八年一月、大晦日や初詣の喧噪がようやく鎮まりはじめた、石清水八幡宮の境内（男山）を私は歩いていた。この神社の本宮へのルートはいくつかあるが、普通は表参道か裏山道を使う。表参道は明るく道幅も歩幅も広くゆるやかな階段になっている。一方裏参道は昼でも薄暗く、歩幅の詰まった急峻な階段である。

私は高山に登る前にはこの山を訪ね足馴らしに使っている。昨今は足が弱くなり登山から遠ざかっている。何とか取り戻そうと新年の誓いを立て、久しぶりに訪ねてみた。思い切って裏参道に挑戦。あえぎあえぎ休み休み、要所に設えられているベンチに座って息を整えていると、山肌に沿って真新しい標識（案内板）が目にとまった。これまでもそういうものがあったことは記憶にあるが、大概は朽ちていて字が読めるようなものではなかった。

徳川家の菩提寺豊蔵坊跡（八幡市）

廃仏毀釈で全て取りのぞかれ、広大な空き地に。建築物や家康座像は、京都市の等持院に移され現存している。

十枚の標識と廃仏毀釈の傷跡

その一枚一枚が神仏分離、廃仏毀釈によって、神社内の仏教施設の移動や破壊の跡が記録されている。帰途、私は神社事務局を訪ね標識全体の写真や原版のコピーを依頼した。あいにく責任者不在のため相談の上連絡したいとのことであった。私は氏名と電話番号を伝え下山。事務局からの連絡は早かった。京阪電車の車中にコピー了承のメールが届いた。素早い対応に感謝した。

後日訪ねてコピーをいただいた。全部でA4十枚。写真、イラスト入りなど様ざまだが、その施設や造物の暦年、いわれなどが簡潔につづられており、貴重な歴史資料になっている。各標識の設置場所が二万五千分の一の地図に落とされた案内図も添えられていた。私はこれを機に、歴史書、研究論文などを読み、幾人かの研究者と手紙のやりとりもすることができた。

そして近畿圏を中心にいくつかの社寺を訪ねもした。それをここですべて網羅するつもりはない。政府が旗を振った「明治一五〇年」のキャンペーンの〝おかげ〟で、関係書が書店に並び入手もしやすくなっている。

仏教などの伝来と融合への道　ところで、神仏分離・廃仏毀釈とは何なのか。簡潔に言えば、こうである——。わが国の土着信仰＝民俗宗教は元もと自然崇拝、先祖崇敬であった。山や大木や巨岩が神体とされ、それを信仰の対象とし、祖先を畏れ敬ってきた。やがてしめ縄、鳥居、祠が設えられるようになり、神社が形成されていった。これが民俗宗教としての古来の神道が歩んできた道である。

そういう過程で、六世紀はじめ朝鮮、中国を通じて仏教や儒教、道教が伝来した。以来約一世紀をかけて神道と、仏教をはじめとする外来宗教との融合（習合、混交）がすすみ、〝共存〟してきた。ここがキリスト教やイスラム教などの一神教とは違う多神教としての日本独特の宗教的伝統、慣習である。

（2）神仏分離令、廃仏毀釈の実相と背景

以上のように、仏教伝来から約百年を経て、神仏融合は定着、以後明治までの約一一三〇〇年間、時代の変遷はあっても、日本社会はそれを受け入れてきた。しかし、薩摩・長州を中軸とする明治新政権は、戊辰戦争の勝利が決定的になった一八六八年三月から、同十月までのあいだに神仏分離令（神仏判然令ともいう）と関連法令を矢継ぎ早やに発令。まず分離令によって神社からの、仏教施設、仏像・仏具・仏典等の撤去、排除を指令。さらに、仏僧の神官への転職または還俗（離職）を強いた。

歴史を七百年逆転させた復古政治　維新政権の官制・機構など政治体制の基本は、大政奉還、王政復古の大方針のもと、古代天皇制下の大宝律令（七〇一）を倣ったものである。初期にめまぐるしく変わったが、維新直後の官制では、祭政一致の「祭」を司る神祇官が最高ポストとされ、「政」を司る内閣としての太政官の上位とされた。これは、キリスト教国が多い西洋諸国はじめ、日本の仏教界をふくむ内外の批判を浴び、太政官の下に改められた。

とはいえ、この体制は維新政権中枢の、政権樹立・権力構成の意思と性格に根ざすものであった。したがって、神祇官には、神仏習合に強く反発し、改変を狙っていた神道の学者・神主・神道運動の幹部活動家が中枢をになっていた。

彼らはあるときは、神祇官僚の一員として、あるときは神道運動メンバーとして行動。双方が一体化して破壊活動を主導していたことは想像にかたくない。彼らは、公式には、政権の方針でも指示でもない破壊活動を全国で展開していった。その点では、政権の正統性を持たない、無政府的な、今日のイスラム過激派との違いを見いだせないであろう。

仏教の影響が強い習合の拠点を狙う

廃仏毀釈の被害に対する、政府による本格的な実態調査はやられておらず、全貌はいまだに不明である。これまで見てきた破壊活動をになった中枢と政権との関係からして、当然といえば当然であろう。

したがって、全貌をつかむには、被害寺社の言い伝えや記録、郷土・地方史家の発掘資料とその研究報告などに頼る以外無い。そこで、これらの専門家によってすでに明らかにされているいくつかの事実を整理し、特徴的なことを紹介してみよう。

まず彼らが初期の段階から集中的に襲ったのは、仏教勢力が強い習合の拠点となっている社寺である。

たとえば、仏僧の養成・修行機関でもあった比叡山延暦寺と習合していた日吉神社、八幡神社の最高位に列していた石清水八幡宮、役行者《えんのぎょうじゃ》が開いた吉野の修験根本道場金峯山寺《きんぷせんじ》等では、神社自体が、攻撃の的とされ、仏教的なものはすべて排除された。金峯山寺に関しては、同寺の再興にあたった五條順教氏による詳しい報告が出版されている。

忽然と消えた内山永久寺跡（天理市）

写真は廃仏毀釈の傷跡を訴える説明板。説明板に向かって左方向に、石上神宮が隣接している

また、日本最古、西の東照宮といわれ、天理市の石上神社と習合していた内山永久寺の場合。往時五十以上の坊・院、東西南北の門などの大伽藍を誇ったが、それらがことごとく破壊され、寺そのものが忽然と消えた。石上神社の南方、山の辺の道沿いに、広大な荒れ野原と化した大伽藍跡の痛ましい姿が今もさらされている。このような被害例にはきりがない。これで置く——。

（3）廃仏毀釈の背景とエネルギー、内部からの抵抗

ところで、狂気とも言える、こうした破壊のエネルギーとその源は何だったのか。列強が開国を求めてやってくる黒船の姿は、帝国主義の時代にあってなお、島国の安穏に浸っていた日本人に危機感・恐怖感を呼び起こしたことは想像できる。そして神道家、儒者、武士のあいだに、攘夷思想と運動を高めさせた。

神道と尊皇倒幕の隆盛　とりわけ井伊直弼の登場と開国条約の容認、安政の大獄に見られる、強引な幕政運営は火に油を注ぐものとなった。それが幕府への失望と怒りを生み尊皇攘夷は尊皇倒幕と結びついていった。

こうしたなかで隆盛を極めていったのが水戸派を中核とする神道各派であり、彼らは京都の朝廷との結びつきを密にするとともに、地域の運動の指導的役割を担うようになっていく。また農村では、幕府から与えられていた寺の特権に対する、農民の怒りが廃仏毀釈のエネルギーとして合流したり、利用された例もある（三河地方の大浜騒動など）。

神道派藩主は明治以前に先行　一方、幕藩体制内部でも、水戸学派がじわじわと影響力を

広げ、水戸藩は尊皇攘夷の拠点藩となっていった。光圀の『大日本史』編纂事業の過程で中国から招いた儒者の影響を背景に朱子学が力を強めていたが、尊皇攘夷の思想と運動の高まりにつれて陽明学など儒学各派が糾合、水戸学がその中核になっていった。

幕政の中枢にも登用されていた水戸藩主徳川斉昭は、水戸学派の拠点として弘道館を建て、会沢正志斎・藤田東湖らの藩士が頭角をあらわし、尊皇・倒幕論の理論的指導者として育っていき、水戸学派は、藩主クラスにも浸透していった。

水戸といえば徳川御三家の一角。それ自体幕藩体制の揺らぎの兆しを示す動きであった。薩摩・長州・岡山・津和野——これらの諸藩は、藩政府として神仏分離、廃仏毀釈を先駆的に実施していた。

とくに、武力攘夷・倒幕の先頭に立った薩摩・長州では徹底して行われ、明治のそれの〝ひな形〟ともなった。例えば薩摩は仏教寺院を一寺も残さなかったと言われ、今も仏教寺院最少県としてその痕跡を残している。都道府県別人口一〇万人あたりの仏教系寺院数は、鹿児島二八・八にたいし、滋賀二二八・〇、福井二一四・七である（文化庁「宗教統計調査二〇一一など参照）。

元山口県文書館専門研究員・北川健氏によると、長州の場合、幕末期に神仏分離も廃仏毀釈も先行実施が長く不明のままだった。

氏はこれに疑問を持ち、一九六〇年以来二十年間、資料探索・研究を続け、神仏分離・廃仏毀釈とも幕末期の同藩で準備、試行されていたことが藩の文書など歴史資料によって突き止められた（同氏『幕末長州藩における神仏分離の展開』）。公開せず、隠密にしていたのである。

（4）「守り伝える人びとのいとなみ」

私には廃仏毀釈の傷跡を歩いて、印象として焼きついた見聞が二つある。

三代にわたって仏像を預かり世話　一つは岡山県にまつわる見聞である。二〇一八年夏、夕食をすませ何となくTVを見ていたら、七十、八十歳ぐらいと見られる老女が取材陣に語っていた。「ぽつんと一軒家」という番組である。彼女がこの家に嫁いできたとき、義祖母から聞いた話——。ある日ひとりの坊さんが自分の背丈ほどの仏像を背負って山をあがってきた。坊さんは力尽き仏像を預けて行ったがそれきり戻って来ない。仕方なく敷地の一隅に小屋を建て面倒を見ている。

私は老女の年齢から遡ると廃仏毀釈に関わる〝事件〟の一断面ではないかと推測した。そ

「ぽつんと一軒家」の阿弥陀仏とその堂

岡山県三咲町の一軒家で〝迎え〟を待ち続ける（？）阿弥陀仏と手作りの仏堂。ここに住む老女は、嫁いで以来この堂で仏像の世話を続けている。

う見ると仏像の世話はすでに三代にわたっていると見られる。私は、件の仏に対面したくなり老女のもとを訪ねた。仏は、大人の人間ほどの立派な阿弥陀如来立像で、顔や衣の表面はあちこちにシミや剥落が見られた。薄暗い小屋には、数十センチほどの小さな仏も何体か祀られていた。この村の住人が持ち込んできたのだという。

老女は、「私もこの年、いなくなったらどうなるのか」とこぼすだけで、仏像のそれ以上の来歴は聞けなかった。地元の図書館・博物館の文献にもそれらしい記事は見つけられなかった。

床下に仏像を隠した神主家の差配　もう一つは、「仏像と神像へのまなざし」と銘打った、和歌山県立博物館特別展（二〇一九年四月二十七日～六月二日）である。会期が迫るなか急いで訪ねた。私が追っているテーマそのものと思ったからである。

県内だけでなく全国各地から集められた圧巻の展示であった。その中で、とくに眼を引きつけられたのは一体の仏像と、像から抜け落ちたのだろうと思われる腕であった。和歌山県海南市の春日神社で発見され、最近調査が終わり同社で公開されている。

像は神社の床下に納置されていた天部形立像（木造。六八・九cm。平安時代）。出展目録の第一章に、この写真を添えて次のように書かれている。「和歌山県でも神仏分離に伴って仏像や神像が神社境内から多数移動していきます。はじめにそうした事例の一部を確認し、近代における仏像、神像へのまなざしの転換点を確認します。」

「移動」という優しい言葉でつづられているが、解説には、競売にかけられたり、薪にされるなど無残に破壊されていった事例がリアルに報告されている。この仏像の場合、混乱が収まった後に、神主家の「差配」で床下に隠されたと見られている。神主家の「差配」によるこうした事例は珍しく、「地域

神主家が床下に隠し守った仏像

和歌山県海南市春日神社で発見。写真は和歌山県立博物館特別展「仏像と神像へのまなざし」図録から。

の神仏分離」の実相を示すものであり、「貴重」だと解説は強調している。廃仏派内部にもあった〝静かな抵抗〟を示す事例というべきだろう。

戦火から仏像を守った　私は全く性格の違う二つの事例を並べて紹介した。和歌山県立博物館特別展のサブタイトル「守り伝える人びとのいとなみ」に触発されたからである。もう一つ付け加えたい。それはだいぶ昔になるが、滋賀県湖北のまち大月町の渡岸寺《どうがんじ》で観た十一面観音立像にまつわる話である。

言い伝えによれば、この仏像は戦国時代、織田信長と浅井長政が姉川の合戦で戦火を交えたとき、村人が仏像を背負って沼地に運び沈め隠して難を逃れたという。これも趣旨、性格が違う話だが、権力者の悪行から、自ら信心している仏様を「守り伝えた人びと」の話であることに違いはない。

（5）内心の自由と近代民主主義
――文明・知性による「野蛮」の克服

自らの信仰を問われると、私は「無宗教」と答えているが、歴史学や法学の勉強・研究で対象になる「信仰の自由」は、洋の東西を越え、体を張り、危険を冒しても権力者の横暴・愚行から信仰を守り伝えようとする人びとの営みに支えられて発展してきたという意味で貴重だと考えている。

それは信仰だけではない。信念、正義感、連帯、自尊・尊厳などと置き換えてもいい。「個」としての人間の内心に根ざした精神・意志の自由に関わる問題である。西洋の「中世社会」や日本の封建社会の支配者による迫害や隷従の強要とたたかい、近代社会が到達した、個としての人間の権利、基本的人権の内容として重視され今に発展させられてきた概念である。

前近代がまとわりついた明治、その残滓

私はこれまでに執筆した拙著において、自由民権運動が掲げた、集会・結社・言論・信仰の自由などに対する、明治国家の弾圧の苛烈さを示し、その前近代的体質が昭和の戦争期に肥大化、占領期の「逆コース」とも結びついて現憲法下の戦後にも存続していることを指摘してきた。

スパイ、フレームアップ（でっち上げ）、拷問など、封建国家の所業そのままというべき前近代的国家犯罪として、秩父事件、大逆事件などに如実に刻印されている。重大なことは、それらが近代国家として総括も再検討もされず、今なお犠牲者の復権が果たされていないこ

とである。日本は、その面で前近代を是認したまま止まっているのである。

明治を引きずる、沖縄・アイヌ問題、戊辰戦争

二〇一九年十一月十三日、会津若松市制施行十二年式典に萩市長がはじめて招待され参加した。なぜ一二〇年間も交流できなかったのか、してこなかったのか。維新政権発足の翌年から翌々年にかけてたたかわれた戊辰戦争での両藩の凄惨な死闘が背景にある。とりわけ戦場となった会津には、かの白虎隊に象徴される悲劇がある。

会津の悲劇と怨念は数々のドラマや物語になっているが、最近で

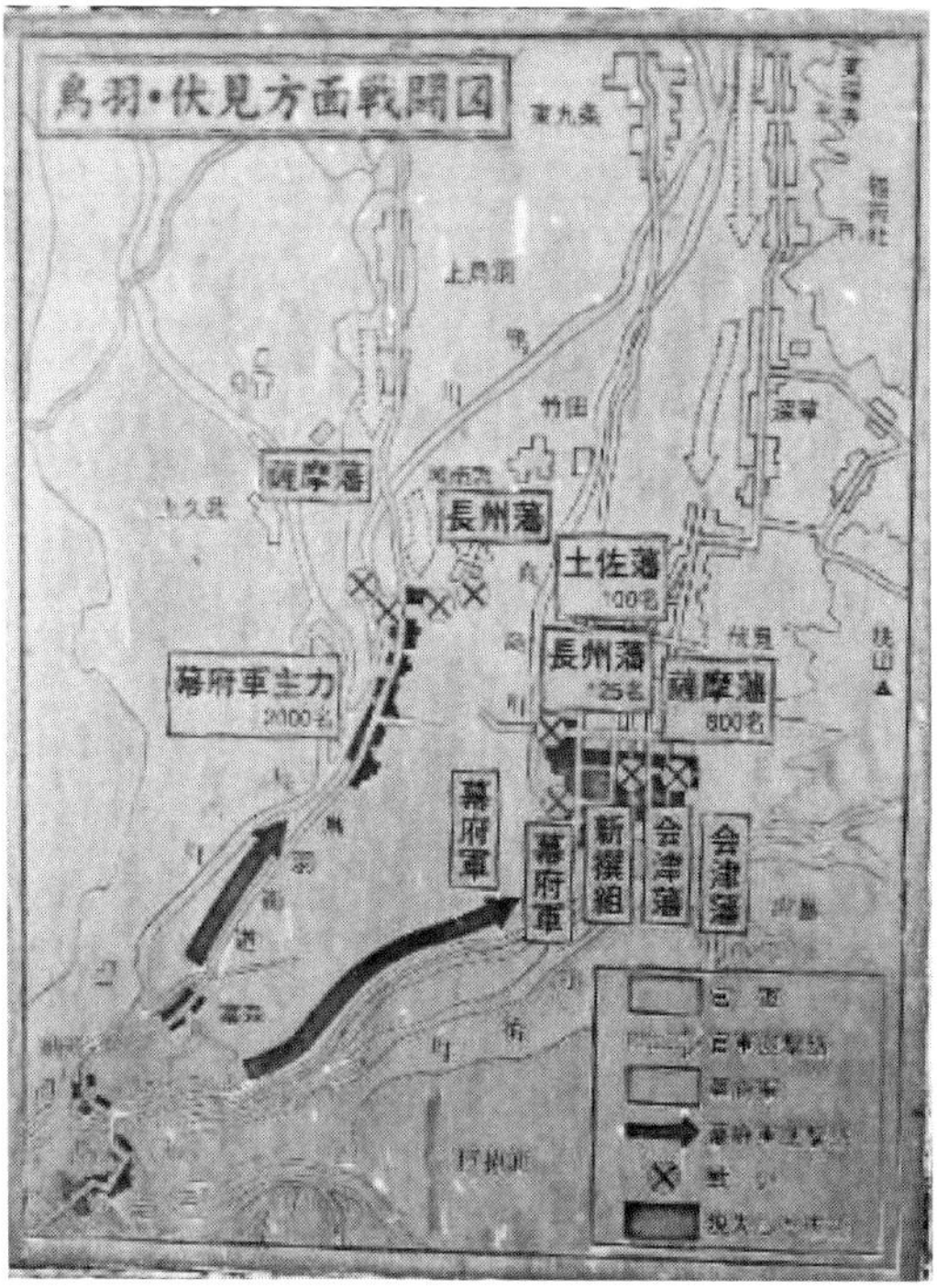

鳥羽伏見戦争勃発地の碑（伏見区鳥羽離宮公園内）
必要なかったと言われる戊辰戦争。京都市伏見区にはいくつもの激戦地跡を示す碑が建っている。

は『ある明治人の記録　会津人柴五郎の遺書』が改版、出版された（石光真人編著、二〇一七、中公新書）。同著は柴の手記をジャーナリストの石光真人氏が編集、執筆したものである。その点では、客観的視点が加わっている。

私は戦争の敗者、勝者ともに悲劇や怨念から自由ではあり得ないと見ている。しかし、この内戦は、すでに幕府の政権返上（大政奉還）があり、幕府陣営からの停戦表明も出されていた。その意味で、「さけることができた戦争」であった。そして肉親を「殺される」という悲劇と怨念は長く何代にもわたって消えることなく憎しみの連鎖を生む。

それは、朝鮮・台湾など海外での侵略戦争と何ら変わることはない。人間同士の「殺し合い」である戦争の本質である。したがって、戊辰戦争は近代国家の国民的和合「共和」の国造りの精神にもとるものであったと言える。

戦後の歴史学は、学者・研究者によって、アイヌ（蝦夷）・沖縄（琉球）の歴史に関わる史実の発掘と研究が大きく発展させられてきた。ここではそれを詳しく展開できないが、この二つの問題の悲劇と怨念の根源は明治政権の「行為」に根ざしており、その根底に、前記戊辰戦争処理に通底するものがある。

また、沖縄・アイヌの「処分」（併合）問題における迫害、言葉・文化等の強制などは、朝鮮・台湾など明治が海外に作った植民地国に匹敵する〝植民地国内版〟というべき問題である。二〇一九年、「アイヌの人々の誇りが尊重される社会を実現するための施策の推進」をかかげた「アイヌ新法」が成立、明治以来存続してきた「北海道旧土人保護法」は廃止された。同法には「アイヌ民族を先住民族」と規定されているが、二〇二〇年一月、麻生副総理の「日本は一つの民族」という暴言を容認する閣議決定を強行、明治一五〇年、戦後七十五年の今もその傷は癒えず続いているのである。

米軍基地の七割が集中している沖縄の場合、そこからの出撃は、すなわち攻撃される危険に常にさらされているということである。また米兵による殺人や暴行が頻発。それに対する警察権の行使や裁判においても治外法権的状況にある。植民地的と呼んでも過言ではない。その詳細はおくが、この点は、帝国主義の時代にあって横井や中岡らが主張した「独立国」「主権国家」としての「大義」が問われていることを厳しく指摘しておきたい。

総括すべきだった敗戦日本　以上述べてきた諸問題は、敗戦日本の指導者が米占領軍の変質＝「逆コース」に助けられ、あるいは「同盟者」として、根本的に総括してこなかったことに起因する。その放置、容認は該当地域・分野だけに限定されたものではなく、近代社会が切り開いた民主主義、民主的権利に比して日本社会の水準を低め、その発展を停止していることを意味しているとも言えるのだ。

それは国際社会における日本国の品格、価値評価を低めざるを得ない。現に先進国などと自己評価しながら、女性の地位や社会進出、子どもの権利、労働者の諸権利、報道の自由度等々が、先進国の中でもきわめて低く、毎年のように国際機関等から勧告や指摘を受ける状況を続けている。（注）

（注）例えば世界経済フォーラム発表の男女格差指数が、日本は調査対象一五三ヵ国中一二一位となっている（二〇一九年度）。

日本国憲法の、世界と歴史の中の位置　近代日本一五〇年の実態と日本国憲法に刻まれた理想や精神とは大きな乖離がある。

日本国憲法は「押しつけ」られたものという議論が改憲派を中心に執拗に行われてきたが、歴史的事実が明らかになるにつれてトーンダウン。その事実とは何か。占領期の首相幣原喜重郎氏が発案、ＧＨＱのマッカーサー元帥の合意の上で日本の国会で決定され、当時のメディアによる世論調査でも国民多数が賛成している。

この憲法は、日本の歴史をたどっても、平和と民主主義、国民の福祉や権利という視角から見て、近代国家にふさわしいものである。また、世界の水準と比べても最先端に位置するものであることも明らかである。

一方、いま起こっている「改憲」論議は、明治への回帰、明治復古である。これら、改憲派の人びとは、アジアで一番早く西洋文明を吸収したことをもって、旧植民地国を見下し、自らの侵略などまるで忘れたかのようにふるまっている。「近代化」「西洋化」したことを自慢しながら、他国に押し入り、独立と進路選択の自由を奪ったことを当然視するのは、筋が通らない。

そして戦後、新しい憲法を米占領軍に「押しつけられた」と言いながら、その「押しつけ人」にものを言えず、追従し、自らの頭で自国の過去の総括も、歴史を前へ進める方向も提示できず、明治へ帰れと叫ぶ。こういうのを自分が世間にどういう姿態をさらしているかも分からなくなっている、裸の王様的「自虐」状態というべきではないか。

近年、日本国憲法を世界遺産に、という声が内外に起こっている。そして求むべきは、憲法をかえることではなく、憲法に沿って日本を改造すること——と政治家でもない人びとによっても普通に語られはじめている。

ここに、近代日本がとるべきであった原点との繋りがある。

終章　野辺に朽ちたもの
──松陰「辞世の歌」と大和魂を考える

吉田松陰は一八五九（安政六）年、間部詮勝老中暗殺を企て連判を呼びかけたことなどを容疑として、二度目の江戸送りとなった。彼は容疑を認め、同年十月斬首された。このとき次の辞世の歌を遺している。

「身はたとえ　武蔵の野辺に　朽ちぬとも　留めおかまし　大和魂」

松陰には、もう一首「大和魂」を詠んだ、よく知られた歌がある。

「かくすれば　かくなるものと　知りながら　已むにやまれぬ　大和魂」

これは、一八五四年三月、下田に再来航したペリー船に乗り込み海外渡航を企てたが幕府に突き返され、密航の罪で投獄されたときの歌である。「かくなるものと知りながら」の決行だから確信犯である。

この一件は、その後彼が国禁を破り、やがて間部老中暗殺画策などで処刑されるに至る「直情径行」――暴走の出発点である。それは、萩で兵学や中国の古典を藩主の前で講義するまでになっていた「誉れ」高き半生のターニングポイントでもあった。

私は「大和魂」に被せられた「留めおかまし」「已むにやまれぬ」の二つの言葉から、その時の松陰の心境や大和魂なる言葉に込めた彼の思いが伝わってくる気がする。二十五歳の青年松陰のはやる心境と、三十に満たない少壮兵学者松陰の焦りがうかがえるのである。

「大和魂」とはなにか

第二章で紹介したが、蘭学者・蘭方医、大槻玄沢の孫に当たる大槻文彦が編んだ国語辞典『大言海』に、「やまとだましひ」、（同意の語として）「やまとごころ」の二項がもうけられ、自らの解釈を示したうえで、古書の用例を紹介している。

まず、彼の基本的解釈として――「大和魂は、やまとごころ（大和心）に同じ。また、日本の学問。古くは、漢学の力あるを漢才と云ひしに対して、我が世才に長けたること。漢学の力に頼らず、独り自ら活動するを得る心、又は気力（たましひ）の意なり」とある。

ここでは、「やまとだましひ」（大和魂）とその同意語「やまとごころ」（大和心）について、古くは、漢学の力がある者を「漢才」と言っていたのに対し、「世才」に長けていることを指していた。すなわち漢学の力を借りず独力で活動する「心」または「気力」（たましひ）の意味であると述べている。

そして古書の用例をいくつか引用している。

例えば『源氏物語』の「少女」の巻――。

「猶、才を本としてこそ大和魂の世に用ちいらるる方も強う侍らめ」

これは、「才」すなわち「漢学」を基本にすえると、辞典がいう「大和魂」を世にいっそう強く通用させることになることを強調した文脈である。

また辞典では第二の意味について、「転じて、我が日本国民の固有する忠君、愛国、尚武、廉潔、義侠の精神。日本の国体を本意として、外国の侮を禦ぎ、皇国の国光を発揚する精神活動。」と説明している。

したがって、冒頭に掲げた松陰の歌の意味での「大和魂」は、古来本来の用法ではなかった。江戸時代に隆盛した国学や神道に始まった「大和民族固有の気概あるいは精神」の意味である。それが、明治を経て、昭和の戦中にさらに肥大化、戦意高揚や扇動に利用されていったのである。

「和魂の本質は、だから、もともと生活的、即物的、現実的なものだった。それは神道的神話的なものでもなかったし、天皇や聖人の方に顔を向けたものでもなかった。むしろ地上的、世間的、人民的なものだということができる。」――と古在由重氏は語っている。（『和魂論ノート』一九八四年、岩波書店）

明治以来戦争の推進力とされてきた「大和魂」　松陰の辞世の歌は、「留めおかまし」の言葉が示すように彼の門弟、後輩たちに「大和魂」の発揮を訴えたものである。しかし、彼の処刑の最重要な要因とされた間部老中暗殺計画に対して、久坂玄瑞、高杉晋作、このふたりの「高弟」らは彼を制止し、連判を拒否した。松陰死後、ふたりは、長州が強行した馬関戦争にも禁門の変にも従軍。久坂は陣中自刃、高杉は陣中病死した。彼らは武力攘夷では松陰と違いはなかったが、「テロ」には同調しなかった。

その後、「大和魂」は、山県有朋が天皇の軍隊づくりの心張り棒として立案にあたった軍人勅諭、日清戦争・日露戦争勝利による「一等国」化に酔いしれていっそう先鋭化していった。

昭和の戦争では、日本国を「神の国」、侵略戦争を「聖戦」、大陸政略を「八紘一宇」と崇め、正当化し、士気を鼓舞していく。

こうした中、作戦は、空爆や「殺し尽くし焼き尽くし奪い尽くす」（三光作戦）など非戦闘者を巻き込み無差別化し、「玉砕」「零戦突撃」など戦術も精神主義化していく。

戦火は戦争の推移とともに、松陰や山県が描いた大陸構想に沿うかのように、アジア・太平洋地域へ伸び、広がっていった。それとともに、将兵の戦死と高齢化が進み、やがて次代を担う膨大な青年、若年層が戦場へ送られていったのである。

おわりに

私は太平洋戦争開戦の年に生まれ来年は傘寿を迎えます。父親は日露戦争の前年に生まれ五十歳で病没しました。私が近現代日本の歴史を再勉強し、本に纏めようとした動機は、この父親と私の人生の違いの根を探索することでした。

父は、特別高等警察官、いわゆる特高でした。共産主義者など「思想・政治犯」を追尾する任務遂行の途中で結核にかかり、病床の中で敗戦を迎えました。戦後は当然のこととして公職追放となりました。占領軍によって「解除」となっても「容疑」とされた「事実」は消えていない。救済、復権されないまま亡くなられた多くの犠牲者・被害者・遺族がおられ、救済を求めてたたかっている生存者もおられます。それは遠く、明治の大逆事件、秩父事件にまでつながっているのです。父にとっての戦後は十年にも満たず、人生の大半は、戦争に次ぐ戦争でした。その過程で右のような役割を果たす職に就きました。一方、私の八十年近い人生は、食糧難などに苦しみましたが、平和に生きる喜びを享受しました。私たち世代の人生の宝です。

本書につづった近現代日本のふたつの姿は、父子の人生に投影しています。これからを生きる人びとの一助になれば幸いに思います。

拙著は、歴史学はもとより文学から自然科学まで、多くの専門家のみなさんの蓄積やアドバイスに支えられてなったものです。もし少しでも厚みや幅があるとしたら、これらのみなさんのたまものです。心から感謝とお礼を申し上げます。

風詠社には、二度目のお世話となりました。今後とも大阪にしっかり根を下ろし、世界と日本に視野を広げる出版社としていっそう発展されることを願うばかりです。大杉さんはじめスタッフのみなさんに改めてお礼を申し上げます。

日本国憲法施行七十四年の年に　　　　著　者

参考文献（順不同）

『維新の先達吉田松陰』松陰神社
『吉田寅次郎』杉浦重剛・世木鹿吉　一九一五　博文館
『江戸の兵学思想』野口武彦　一九九九　中公文庫
『吉田松陰著作選』奈良本辰也　二〇一三　講談社
『吉田松陰』徳富蘇峰　一九九三　岩波文庫
『吉田松陰　変転する人物像』田中彰　二〇〇一　中公新書
『司馬江漢「江戸のダ・ヴィンチ」の型破り人生』池内了　二〇一八　集英社
『横井小楠研究』源了圓　二〇一三　藤原書店
『横井小楠』松浦玲　二〇一〇　ちくま学芸文庫
『横井小楠　維新の青写真を描いた男』徳永洋　二〇〇五　新潮新書
『吉田茂の自問　敗戦、そして報告書「日本外交の過誤」』小倉和夫　二〇〇三　藤原書店
『敗戦日本は明治を総括したか』牧俊太郎　二〇一八　文芸社
『松本清張「明治」の発掘─その推理と史眼』牧俊太郎　二〇一五　風詠社
『住職がつづるとっておき　金峯山寺物語』五條順教　二〇〇六　四季社
『幕末長州藩における神仏分離の展開』（山口県文書館研究紀要）北川健　一九八〇

『ある明治人の記録　会津人柴五郎の遺書』石光真人　二〇一七　中公新書
『中岡慎太郎全集』中岡慎太郎　一九九一　勁草書房
『幕末・維新』井上勝生　二〇〇六　岩波新書
『氷川清話』勝海舟　二〇一七　講談社学術文庫
『蘭学事始』杉田玄白　二〇一八　岩波文庫
『山県有朋』半藤一利　二〇〇八　ちくま文庫
『象徴の設計』松本清張　一九七六　文藝春秋
『史観・宰相論』松本清張　一九八〇　文藝春秋
『高野長英記念館展示図録』二〇一九　奥州市立高野長英記念館
『仏像と神像へのまなざし』二〇一九　和歌山県立博物館
『和魂論ノート』古在由重　一九八四　岩波書店

※他にもここに書ききれない人びとの知見、研究成果から多くの示唆をいただきました。

牧　俊太郎（まき・しゅんたろう）

フリー・ライター
1941年、大阪市生まれ。大阪府寝屋川市在住
府立寝屋川高校・大阪市立大学文学部2部卒業
大阪府職員・大阪民主新報編集長など歴任
著書
・司馬遼太郎「坂の上の雲」なぜ映像化を拒んだか（2009年　近代文芸社）
・「米国のポチ」と嗤われる日本の不思議（2011年　本の泉社）
・松本清張「明治」の発掘—その推理と史眼（2015年　風詠社）
・敗戦日本は「明治」を総括したか（2018年　文芸社）

野辺に朽ちたのは何だったか—長州藩・明治国家暴走の跡を追う

2020年8月7日　第1刷発行

著　者　牧 俊太郎
発行人　大杉　剛
発行所　株式会社 風詠社
〒553-0001　大阪市福島区海老江5-2-2
大拓ビル5-7階
TEL 06（6136）8657　https://fueisha.com/
発売元　株式会社 星雲社
（共同出版社・流通責任出版社）
〒112-0005　東京都文京区水道1-3-30
TEL 03（3868）3275
装幀　2DAY
印刷・製本　シナノ印刷株式会社

ISBN978-4-434-27822-8 C0095